ISBN 3-8000-1601-X

Umschlagillustration und Innenillustrationen von Michael Pammesberger
Umschlaggestaltung von Werkstatt · München / Weiss · Zembsch

Druck: Druckerei Theiss GmbH, St. Stefan i. L.
1 3 5 7 6 4 2

Ueberreuter im Internet: www.ueberreuter.at

Traude Kogoj
Konrad Mitschka

Ötzi, Sisi und Co.

Österreichische Geschichte zum Mitreden

Mit Illustrationen von Michael Pammesberger

UEBERREUTER

Danksagung

Wir danken

Sabine Derman für rigorose Redaktionsarbeiten,

Michael Poderschnig für sein nennenswertes numismatisches Wissen,

Ruth & Rudolf Mitschka für historische Hintergrundinformationen,

Elsa Kogoj für den besten Braten aller Zeiten,

Franz Hergovich & Heinz Teufelhart für lobenswerte Listenarbeit

sowie

Miriam, 15, weil sie uns mit Basketballnationalteamnöten, Schulerlebnissen und neuen Freunden immer wieder vermittelt, worauf's wirklich ankommt im Leben,

Igor, 13, weil er mit seinem Wissen über Geschichte & Politik zu spannenden Debatten einlädt und mit seinen Kochkünsten dabei für wohlschmeckendes Umfeld sorgt

und

dem ORF, der mit zahlreichen Sendungen inhaltliche Grundlagen für unsere Arbeit vermittelte.

BIS 5 N.CHR.: VENUS UND ÖTZI

Wanderbares Österreich – so lautet ein Werbespruch, der heute Touristen in unsere Heimat locken soll. Kein Zufall, könnte man meinen. Denn mit Wanderern hat in Österreich alles vor rund 300000 Jahren angefangen. Für die damalige Epoche – man nennt sie Altsteinzeit – können Wissenschaftler die ersten Funde menschlichen Lebens in Österreich, konkret in der Repolust- und in der Badlhöhle bei Peggau in der Steiermark, nachweisen. Die ersten Österreicher schlafen selten zwei Nächte am selben Ort, jagen mit Waffen aus Stein Mammuts, Wildpferde und Rentiere, sammeln Beeren und Früchte – und ziehen sich nur kurz, etwa bei Unwettern oder zum Schutz vor wilden Tieren, in Höhlen zurück. Das Leben besteht im Wesentlichen aus fressen oder gefressen werden. Erst um

Verweise auf Stichwörter am Ende jedes Kapitels sind mit * gekennzeichnet, Hinweise auf andere Kapitel mit →

40000 v. Chr. wird's ein wenig abwechslungsreicher. Die Österreicher entdecken ihre Liebe zur Kunst. Mit Knochensplittern und festen Steinen erzeugen sie Schmuckstücke aus Tierkrallen oder kleine Statuen aus Schiefer und Mammutzähnen. Ausgrabungen beim Galgenberg in Niederösterreich bewiesen, dass sie nun auch außerhalb der Alpen gelebt haben. Statt sich in Höhlen zu verkriechen schlafen sie in Wohngruben, mit den ersten Nadeln fertigen sie Kleidung aus Fellen.

Das klassische Eigenheim entdecken die Österreicher erst rund 5000 Jahre v. Chr. Statt aus Beton und Ziegelstein bestehen die Wände zwar aus Holzpfosten und Flechten, und Wohnräume gibt's auch höchstens zwei, dafür ähneln die Speisen schon mehr denen ihrer heutigen Nachfahren. Sie ernten Äpfel und Birnen, züchten Schafe und Ziegen, später sogar Schweine und Rinder, pflanzen Getreide und backen Brot. Was nicht gleich gegessen wird, hebt man in den ersten Töpfen und Vasen aus Ton auf. Weil's genug zu essen gibt, müssen nicht mehr alle für neue Nahrung sorgen. Folglich werden die Geschickteren Töpfer oder Schmiede, die Stärksten werden Krieger und benutzen zuerst Kupferäxte (rund 3000 v. Chr.), dann Bronzeschwerter (1500 v. Chr.), schließlich Waffen aus Eisen, und die Geschäftstüchtigen ergreifen den Händlerberuf und kaufen und verkaufen zum Beispiel Bernstein aus Litauen. Gezahlt wird damals nicht mit Geld, man tauscht Waren. Besonders beliebt und teuer wird Salz, das man braucht, um Nahrung länger aufheben zu können.

Prompt werden die Leute dort, wo sich Salz findet, reich. Vor allem Hallstatt in Oberösterreich zeichnet sich aus. Bis zu 300 Menschen haben dort um 770 v. Chr. gelebt, Stollen von mehreren hundert Metern Länge in den Berg getrieben und

mit Pickeln, Schaufeln und Messern das »weiße Gold« aus dem Berg geholt. Das weiß man heute deshalb so genau, weil 1846 ein Bergwerksmeister aus Hallstatt im Bergwerk ein uraltes Skelett findet. Johann Georg Ramsauer, so heißt der Mann, beginnt im Umfeld des Skeletts zu graben und entdeckt Hunderte Gräber, Schmuckstücke und Werkzeuge. Weil er der Erste ist, der in Mitteleuropa so alte Gegenstände ausgräbt, nennen die Wissenschaftler die Zeit des Salzbergbaus von 770 v. Chr. bis 400 v. Chr. »**Hallstattzeit**«. Am Ende der Hallstattzeit wird Österreich das erste Mal nachhaltig erobert. Die neuen Herren kommen aus Frankreich, gründen nach und nach die wichtigsten Städte unserer Heimat, zum Beispiel Bregenz, Linz und Wien, und bleiben am Ruder, bis sie später von den Römern verdrängt werden. Dieses Volk nennt man **Kelten**. Die heute zweifellos berühmtesten Kelten sind Asterix und Obelix; Fußballfans kennen vielleicht auch den schottischen Verein »Celtic Glasgow«. Die Zeit der Kelten bekommt ihren Namen von jenem Ort, an dem man zuerst Überreste ihrer Kultur gefun-

den hat: Die »**La-Tène-Zeit**«, von La Tène, einem Dorf am Neuenburger See in der Schweiz. Die Kelten selbst haben leider keine Schriftstücke über sich hinterlassen. Alles, was man heute über sie weiß, erhellt sich aus Ausgrabungen oder aus Beschreibungen von griechischen Schriftstellern. Diodoros etwa beschreibt die Kleidung der Kelten: Sie sollen bunte Hosen getragen haben, gestreifte oder viereckig gemusterte Mäntel, die sie mit Schnallen befestigten. Gewohnt haben die Kelten in einfachen Häusern ohne Möbel. Statt im Bett haben sie auf Streu geschlafen; statt bei Tisch am Lagerfeuer vor allem Fleisch gegessen; aus Dinkel, Gerste und Hirse Brotfladen gebacken.

Die Römer, unsere damals mächtigsten Nachbarn, nennen die hier ansässigen Kelten fürs Erste Taurisker. Über sie erzählt der griechische Feldherr und Staatsmann Polybios, der um 200 v. Chr. lebt, dass sie nur einen halben Meter tief graben müssen, um auf Goldnuggets in Bohnengröße zu stoßen. Und er berichtet auch von einem ersten massiven Streit: Als die Taurisker einmal zwei Monate lang italienische Helfer beim Goldbergbau beschäftigen, soll so viel Gold abhanden gekommen sein, dass Gold in Italien deutlich an Wert verliert. Prompt werfen die Taurisker ihre italienischen Helfer raus und behalten den Goldbergbau künftig für sich. Die nachbarschaftlichen Beziehungen bleiben angespannt. Rund zweihundert Jahre nachdem die Kelten Rom belagert haben, versuchen 12 000 von ihnen 186 v. Chr. erneut, Siedlungen in einem Teil des Römischen Reichs zu gründen, und ziehen Richtung Adria. Die Römer wehren sich diesmal erfolgreich, drängen die Taurisker zurück und gründen zum Schutz gegen künftige Übergriffe die Militärstation Aquileja, deren Reste heute beim italienischen Badeort Grado besichtigt werden können. Um den Römern nicht einzeln gegenüberzustehen – und vermutlich auch, weil die keltischen Fürsten bemerken, dass die Römer ihnen an Luxus und Reichtum einiges voraushaben – schließen sich zu dieser Zeit alle Kelten, unter ihnen die Taurisker, zum ersten Staat auf österreichischem Boden zusammen. Er heißt bei den Römern »**Regnum Noricum**« (das Norische Reich) und umfasst das Gebiet von Kärnten, Osttirol, Salzburg, Ober- und Niederösterreich, das Burgenland und Westungarn. Der Name Noricum klingt heute noch bei dicken Arbeitspferden, den »Norikern« an, die wie »**norisches« Eisen***** wichtigstes Handelsgut waren. Denn wenn sie nicht gegeneinander kämpfen, handeln Römer und Kelten miteinander. Statt nur Waren miteinander zu tauschen, setzen sie erstmals Bronzemünzen ein. Geprägt werden diese in den wichtigsten Städten, in der Hauptstadt Noreia zum Beispiel. Man weiß bis heute nicht, wo Noreia genau liegt. Dafür kennt man die Lage anderer wichtiger Zentren. Am Leopoldsberg bei Wien (von »Vedunis« gleich Waldbach), am Braunsberg bei Hainburg oder am Reinberg in Salzburg bauen die Noriker Städte mit bis zu vier Meter hohen Schutzwällen. Der wichtigste Ort neben Noreia liegt am Magdalensberg in Kärnten, wo man 1502 n. Chr. den bedeutendsten römischen Gegenstand nördlich der Alpen, den »Jüngling vom Helenenberg«, findet.

Die eigenständige Handelszeit der Noriker endet 15 v. Chr., als Augustus das Regnum Noricum kampflos besetzt. Tiberius und Drusus, die Stiefsöhne von Augustus, erobern danach im Kampf Vorarlberg und Tirol.

Bis zur Donau ist Österreich nun römisch – die Pax Romana, die Zeit des »römischen Friedens«, beginnt.

WICHTIGE WÖRTER ZUR ZEIT

Indogermanisch

Unsere Vorfahren haben von Indien bis Island zwei Dinge gemeinsam: Sie stellen überall Töpfe als Schnurkeramik her – wie Wissenschaftler jene Gefäße nennen, die als einzige Verzierung den Abdruck einer Schnur haben – und sie sprechen eine Sprache – Indogermanisch. Erst 2000 v. Chr. beginnt sich das Germanische, der Vorläufer des Deutschen, herauszubilden.

Kultwagen von Strettweg

Gefunden hat man das bronzene Kunstwerk bei Judenburg im Grab eines Adeligen. Damals war es üblich, den Toten wertvolle Gegenstände mitzugeben, man hoffte sie so besser zu schützen. Ob die auf dem Wagen dargestellte Opferprozession samt großer weiblicher Gottheit dem Fürsten von 600 v. Christus etwas genützt hat, bleibt offen; wir aber können dieses einzigartige Kunstwerk noch heute in Graz bewundern.

Norisches Eisen
So heißt der Exporthit Österreichs aus den letzten vorchristlichen Jahrhunderten. Ein besonderes Schmiedeverfahren macht die Waffen aus unserer Heimat härter und damit gefährlicher als alle anderen. Vor allem die Römer zahlen hohe Summen und machen so unsere Vorfahren, die Noriker, reich.

INTERESSANTESTE FRAUEN DER ZEIT

Venus von Willendorf, *ca. 25000 v. Chr.,* Statue
Fett war angesagt, daran besteht kein Zweifel: Ist doch die weibliche Kalkfigur, die Wissenschaftler und Bauarbeiter am 7. August 1908 in Willendorf in der Wachau gefunden haben, fast so breit wie hoch. Damals war den Leuten Essen eben heilig. Und erstrebenswert war's, möglichst viele Kinder zu bekommen – deswegen das breite »gebärfreudige« Becken – und sie nachher auch noch füttern zu können (Erraten, die Brüste). Die Lady trägt als einzigen Schmuck übrigens ein Armketterl, war einmal ganz rot angemalt und besticht durch

ihre kunstvolle Kraushaarfrisur. Die Venus von Willendorf gilt heute als einer der wichtigsten Funde der Steinzeit.

Schwester von Norikerkönig Voccio, *ca. 50 v. Chr.*, Frau des Fürsten Ariovist, erwähnt von Julius Cäsar

Tanzende Venus vom Galgenberg, mit 30 000 Jahren älteste Frauenstatue der Welt

INTERESSANTESTE MÄNNER DER ZEIT

Ötzi, *3500 v. Chr.*, Jäger und Sammler
Ein Nürnberger Ehepaar hatte 1991 das Glück seines Lebens. Bei einer Wanderung am Tisenjoch fanden sie »Frozen Fritz«, besser bekannt als »Ötzi«, eine der ältesten Mumien der Welt. 5000 Jahre ist er alt, 160 Zentimeter groß, langhaarig, bärtig, in

Ziegenfell und Kalbsleder gewandet – und vermutlich auf der Flucht vor einer Räuberbande. Denn der älteste gefundene Österreicher, hauptberuflich vermutlich Viehhirte, ist hinterrücks durch Pfeilschuss ermordet worden. Seine über 50 Tätowierungen zeugen übrigens weniger von Geschmack als vielmehr davon, dass Ötzi seinen Körper dort markiert hat, wo er sich mit Nadeln medizinisch behandeln ließ.

Cincibilus, *um 170 v. Chr.*, Gründer des keltischen Reichs Norikum

Voccio, *um 50 v. Chr.*, König von Norikum

5–505: FRITIGIL UND SEVERIN

Über 150 Jahre lang bleibt unsere Heimat von Krieg verschont. Die herrschenden Römer bauen in Österreich Straßen und Städte aus. In Brigantium (so nennen die Römer Bregenz) staunt man über das erste Aquädukt Österreichs, wie die römische Wasserleitung heißt. In Virunum (Zollfeld in Kärnten) besuchen Einheimische das erste und einzige römische Theater auf heimischem Boden. In Lentia (Linz) wärmt man sich winters kalte Füße mittels Fußbodenheizung und in Dölsach in Osttirol steht mit Aguntum das größte Schwimmbad unseres Landes. Neben den Städten dürfen wohlhabende Römer überall in Österreich wunderschöne Gutshöfe bauen, auf denen sie Tausende Sklaven arbeiten lassen. Diese Gutshöfe – der besterhaltene steht in Löffelbach in der Steiermark – nennen die Römer »**Villa rustica**«, weswegen man noch heute tolle Häuser »Villa« nennt.

166 aber ist's mit dem Frieden vorbei. Die Römer müssen in der Türkei kämpfen und ziehen deshalb viele Soldaten aus Österreich ab. Weil aber gleichzeitig rings um uns mehr Menschen wohnen, als ernährt werden können, beabsichtigen unsere damaligen Nachbarn aus dem Norden, die Markomannen und Quaden, Rom anzugreifen und erreichen mit ihren Soldaten sogar das heutige Italien. Der römische Kaiser Marc Aurel ist empört. Persönlich zieht er mit seinem Sohn Commodus in den Krieg. Vor der mit 50000 Einwohnern größten

Stadt Österreichs, Carnuntum (Petronell in Niederösterreich), schlägt er am 11. Juni 172 die entscheidende Schlacht. Dabei kommen die römischen Soldaten in ihren schweren Rüstungen so stark ins Schwitzen, dass sie zu verlieren drohen. Gott persönlich soll den kühlenden Regenguss geschickt haben, der den Römern den Sieg beschert. Christliche Soldaten behaupten, es wäre ihr Gott gewesen – die Römer, die an ihre alte Götterwelt glauben, reklamieren das »**Regenwunder vom Marchfeld**« für Jupiter. Im Allgemeinen ist man in unserer Heimat lange Zeit nicht sehr sicher, wen man neben den Kaisern verehren soll. Die alteingesessenen Kelten haben ihre Pferdegötter, die Römer bringen zuerst eine ganze Schar an Göttern mit, als wichtigsten den Göttervater Jupiter. Im ersten Jahrhundert n. Chr. ändern viele Römer ihren Glauben und verehren den Sonnengott Mithras. Ihm werden vorzugsweise am 25. Dezember Stiere geopfert, zum Beispiel in Deutschaltenburg. Schließlich verbreitet sich eine jüdische Sekte von Rom aus in unserer Heimat: das Christentum. Zuerst werden die Anhänger dieser Sekte verfolgt und getötet. Das berühmteste österreichische Beispiel dafür geschieht unter Kaiser Diokletian am 4. Mai 304 in Lauriacum (Lorch) nahe bei Enns in Oberösterreich. Dort wird der heilige Florian ertränkt, weil er, ein alter römischer Soldat, unangemeldet beim römischen Statthalter auftaucht und aus Protest gegen die Tötung seiner christlichen Freunde freiwillig seinen Glauben bekennt. Acht Jahre später, am 28. Oktober 312, hat der römische Kaiser Konstantin vor einer Schlacht einen Traum von einem Kreuz. Weil auf diesem »**In diesem Zeichen wirst du siegen**«* steht, befiehlt er allen seinen Soldaten, an das Neue Testament und Jesus Christus zu glauben. Er gewinnt die Schlacht und lässt sich dankbar taufen. So wird das Christentum zur wichtigsten Religion im Römerreich – und damit auch in unserer Heimat. Vier Bischofssitze werden in rascher Folge gegründet. Lorch in Oberösterreich, Zollfeld und St. Peter im Holz in Kärnten und Lienz in Osttirol.

Das Christentum verschwindet aber fürs Erste nahezu genauso rasch, wie es gekommen ist, denn die christlichen Römer müssen sich aus Österreich zurückziehen. Immer öfter drängen Völker aus dem Osten und dem Norden in unsere Heimat. Am berühmtesten werden die Hunnen, die 375 zuerst das damals in der Ukraine gelegene Reich der Westgoten zerstören und anschließend unter ihrem König Attila über Wien bis nach Paris vordringen. Auf der Flucht vor ihnen kommen die Westgoten bis nach Spanien und treiben dabei die ursprünglich in Polen beheimateten Vandalen* bis nach Afrika vor sich her. Ganz Europa ist auf den Beinen, ein Volk flieht vor dem nächsten. Deswegen nennt man diese Zeit »**Völkerwanderung**«. Am Ende der Epoche stehen viele neue Reiche, die man noch heute kennt. Frankreich, das nach den ursprünglich holländischen Franken so heißt, oder England nach den zuerst dänischen Angeln. In Österreich steht am

Ende des 5. Jahrhunderts hingegen noch wenig fest. Zwar sind viele durchgezogen, die West- und Ostgoten, die Skythen und die Sueben – aber bis auf die Alemannen, die schon 260 nach Vorarlberg gekommen und bis heute geblieben sind, sind wichtige Teile der heutigen Bevölkerung um 505 noch gar nicht angekommen.

Wichtige Wörter zur Zeit

Limes

Einige Jahrhunderte lang können die Römer die Nordgrenze ihres Reichs verteidigen. Das gelingt ihnen, weil die Grenze durch zwei mächtige Flüsse schwierig zu überqueren ist: Den Rhein und die Donau. An diesen Flüssen bauen die Römer befestigte Lager – und dort, wo kein Fluss ist, eine dicke Mauer, die Hunderte Kilometer lang ist: den »Limes«.

Vandalen

Eigentlich sind sie ja nur vor den Westgoten geflohen, die Vandalen. Weil sie dabei aber unter König Geiserich am 2. Juni 455 als erste Nichtrömer nach Jahrhunderten Rom erobern, die Stadt plündern und dabei viele tolle Kunstwerke zerstören, steht ihr Name noch heute für all jene, die sinnlos etwas kaputtmachen.

IHS

»In diesem Zeichen wirst du siegen«, das träumt der römische Kaiser Konstantin natürlich nicht auf Deutsch, sondern auf Latein. Folglich wird statt IDZWDS die Abkürzung des entsprechenden lateinischen Satzes »In hoc signo vinces«, IHS, zu einem der noch heute bestbekannten Zeichen des Christentums. Die drei Buchstaben sind nicht das Einzige, was sich von damals bis heute gehalten hat. 321 n. Chr. wird der Sonntag zum Ruhetag erklärt, später die Bibel mit Hilfe eines neuen Alphabets ins Gotische übersetzt, damit nicht nur Römer sie verstehen. Und schließlich erklärt man auch noch Weihnachten neben Ostern – statt des Fests der Heiligen Drei Könige – zum wichtigsten Kirchenfest.

Interessanteste Frauen der Zeit

Fritigil, *um 396,* markomannische Königin, vielleicht in Österreich geboren
Das Einzige, was man von ihr weiß, ist, dass sie mit einem der bedeutendsten Männer der römisch-katholischen Kirche, Bischof Ambrosius von Mailand, Briefe wechselt. Sie tritt zum Christentum über. Vielleicht auch als Dank dafür erlaubt der römische Feldherr Stilicho 396 n. Chr. ihren Markomannen, kampflos in der Gegend von Wien und Klosterneuburg zu siedeln.

Lahme Fürstin von Untersiebenbrunn, *um 380*
Die Unbekannte hat zwei Weltklasse-Schmuckstücke, nämlich Kleiderspangen, ins Grab gelegt bekommen, die heute im Kunsthistorischen Museum in Wien zu bewundern sind.

Herodiana, *um 320,* Frau aus Kärnten
Auf ihrem Sarg in Klagenfurt ist der älteste Beweis für öster-

reichisches Christentum: Christus mit einem Lamm auf der Schulter.

Interessanteste Männer der Zeit

Severin, *gestorben am 8. Jänner 482,* Heiliger

Man weiß nicht, ob er wirklich aus Österreich ist. Dafür ist klar, dass er hier gewirkt hat: In Zwentendorf, Tulln, ja bis hinauf nach Kuchl bemüht er sich darum, in Zeiten der Völkerwanderung, als ringsherum Krieg, Flucht und Verzweiflung herrscht, Ruhe und Ordnung zu bewahren. Er kauft Kriegsgefangene frei und sichert den Römern einen sicheren Abzug vor den heranstürmenden Germanen. Einem unbekannten Soldaten namens Odoaker prophezeit er zu Recht, dass er 476 den letzten Kaiser Roms absetzen und selbst König von Italien werden wird. Berühmt wird auch die Beschreibung seines Lebens, verfasst von einem seiner Schüler: Vieles von dem, was

man heute über Österreich in der Zeit um 450 weiß, hat man dort herausgelesen.

Probus, von *276–282* Römischer Kaiser, begründet den Weinanbau in Österreich

Florian, *gestorben am 4. Mai 304,* Heiliger
Der Märtyrer, der in der Enns ertränkt wurde, gilt als Patron der Feuerwehr.

505–1005: HEMMA UND ARNULF

Im Osten die Awaren, im Westen die Franken, so schaut's bis 803 n. Chr. aus. Nachdem die Franken unter Karl dem Großen, der 800 zu Weihnachten als erster Kaiser durch den Papst gekrönt wird, die Awaren besiegt haben, verändert sich die Karte ein wenig. Im Norden regiert Swatopluk die Mähren, im Osten herrschen Magyaren (die heutigen Ungarn) und im Westen dehnt sich das **Frankenreich** aus. Für Österreich bleibt bis 976 alles beim Alten – es liegt in der Mitte, zahlreiche Völker hinterlassen ihre Spuren und vermengen sich allmählich zur typisch österreichischen Mixtur von Kelten, Slawen und Germanen. Wichtig sind dabei vor allem zwei Stämme: Die Karantaner, ein Slawenvolk, das auf der Flucht vor den Awaren um 600 mit einem eigenen Großreich rund um Kärnten den zweiten eigenständigen Staat auf heimatlichem Boden nach dem Norikerreich (→*Bis 5 v. Chr.*) errichtet, und die Bajuwaren (das sind die heutigen Bayern), die zuerst vor allem in Salzburg und Tirol siedeln und ab 740 die Karantaner beherrschen. Die Bajuwaren erlangen ihre Wichtigkeit für unsere Geschichte aber auch, weil sie unmittelbar mit dem Christentum zu tun haben. Herzog Theodo schenkt zum Beispiel Bischof Rupert die Stadt Salzburg, die daraufhin das älteste heute noch bestehende Männerkloster mit St. Peter erhält. Rupert ist auch sonst umtriebig: Für seine Nichte Ehrentrudis gründet er um 690 n. Chr. das älteste Frauenkloster nördlich der Alpen auf dem Nonnberg. Nach ihm bleibt Salzburg bis 1805 ein eigenständiger Staat! Etwa zur gleichen Zeit ziehen irische Mönche unbehelligt durch Österreich und überzeugen unsere Vorfahren davon, den alten Göttern – seien sie slawisch, römisch oder germanisch – abzuschwören und zum Christentum überzuwechseln. Die Zahl der Gläubigen wächst genauso wie der Reichtum des Landes trotz wechselnder Herrschaft. Um 712 baut man am Erzberg wieder Eisen ab, ab 717 gewinnt man Gold in Salzburg. Klöster entstehen – zum Beispiel Kremsmünster, eine Stiftung des Herzogs Tassilo III. von Bayern um 770 – und beherbergen kostbare Schätze, etwa den kupfernen Tassilokelch, der vom ältesten österreichischen Marienbild geschmückt wird.

Über die Jahrhunderte ordnen sich auch die politischen Verhältnisse. Am 10. August 955 vernichtet der deutsche König Otto I. auf dem Lechfeld in Süddeutschland das Heer der Magyaren und drängt diese endgültig ins heutige Ungarn zurück. Zum Schutz seines Reichs gründet Otto I. am Ostrand die sogenannte »**Ottonische Mark**«, einen Landstrich zwischen den Flüssen Enns und Traisen. Dort soll für ihn und seine Nachfolger ein Markgraf aufpassen, dass die Magyaren nicht noch mal das Reich überfallen. Ab dem 21. Juli 976 heißt dieser Markgraf Leopold, der Erste eines Fürstengeschlechts, das schließlich über 300 Jahre lang über Österreich herrscht: die Babenberger. Aus der Frühzeit der Babenberger sind Österreich wichtige Schätze erhalten geblieben: In Bierbaum in der Steiermark wächst seit mindestens 908 n. Chr. die älteste Eiche Europas, deren Stamm heute acht Meter umfasst. Das älteste Schriftstück auf österreichischem Boden ist zwar das Besitzverhältnis der Salzburger Kirche von 790 n. Chr., ungefähr aus der Zeit Leopolds I. aber stammt das älteste künstlerische Schriftwerk unserer Heimat: In diesem »Wiener Hundesegen« wird der heilige Martin um den Schutz der Hirtenhunde vor Wölfen angefleht. Auf Burg Falkenstein in Tirol ist das älteste Zeugnis österreichischer Musiknoten von circa 860 n. Chr. erhalten geblieben. Am bedeutendsten bleibt aber eine Schenkungsurkunde, die zwei Jahre nach Leopolds Tod, am 1. November 996, verfasst wird. Darin bestätigt König Otto III., dass er der Kirche von Freising Land in der Gegend von Neuhofen an der Ybbs schenkt. Und die Gegend, in der dieses Ackerland liegt, nennt er »**Ostarrichi**«, das »Reich im Osten«. Seit damals hat unsere Heimat ihren Namen Österreich.

WICHTIGE WÖRTER ZUR ZEIT

Raffelstettener Zollordnung

In Raffelstetten, das zwischen Linz und Enns an der Donau liegt, verfasst man dieses älteste Dokument Österreichs in wirtschaftlichen Belangen. Darin regelt der König den Donauhandel. Zum Beispiel müssen Bayern, die nur für sich selbst Salz über die Donau zu sich nach Hause bringen, keine Steuer zahlen. Wer aber per Schiff mit Salz bis nach Aschach handeln will, muss einen halben Pfennig zahlen, wer bis nach Linz fährt, das Dreifache. Für Geschichtsschreiber beweist dieses Dokument, dass entlang der Donau viel gehandelt wurde und die Bewohner allmählich reich wurden.

Herzogstuhl

Noch heute steht ein Thron aus römischen Ruinensteinen nahe bei Klagenfurt. Dort werden jahrhundertlang die Herzöge von Kärnten ermächtigt, ihren Untertanen nach Belieben Land zu schenken. Davor mussten sich die Herzöge auf dem »Fürstenstein« auf Slowenisch befragen lassen, ob sie gerechte Christen seien. Der Herzogstuhl ist wie der Lindenbaum, der als Zeichen des Lebens gilt, ein besonderes Wahrzeichen der Slowenen.

Nibelungenlied

Das Nibelungenlied ist wohl das bedeutendste künstlerische Erbe der Völkerwanderung und entsteht gegen 980. Angeblich soll es Konrad, der Sekretär des Bischofs von Passau, geschrieben haben. In dieser spannenden Sage wird der Niedergang der »Burgunder« gegen die Hunnen beschrieben. Hauptheld ist ein blonder Königssohn namens Siegfried, der, weil er in frischem Drachenblut gebadet hat, nur an seinem Schulterblatt verwundbar ist. Prompt wird er vom Bösewicht des Nibelungenlieds namens Hagen durch einen gezielten Speerstich in die Schulter ermordet. Auch Österreich spielt eine bedeutende Rolle in der Sage. Die Witwe von Siegfried,

Kriemhild, heiratet den Hunnenkönig Attila in Wien – und das nach der Heiratsvermittlung durch den Markgrafen von Pöchlarn.

INTERESSANTESTE FRAUEN DER ZEIT

Hemma von Gurk, *980–29. Juni 1045,* Heiliger Bergwerksarbeiter in ihrer Heimat in Kärnten benehmen sich schlecht – und werden prompt von Hemmas Söhnen, den damaligen Grafen, bestraft. Doch die aufständischen Arbeiter wehren sich und töten Hemmas Söhne. Daraufhin gründet sie, jetzt eine der reichsten Frauen ihrer Zeit, das Kloster in Gurk, dem sie erst als Nonne beitritt und nach ihrem Tod den Großteil ihres Reichtums vererbt. Hemma wird heute von Schwangeren angebetet, die ein gesundes Kind zur Welt bringen wollen. Auf Gemälden zeigt man sie mit einer roten

Rose und einer Kirche mit zwei Türmen. Ihr Namenstag ist der 29. Juni.

Ehrentrudis, *gestorben 714,* Heilige, erste Äbtissin des Klosters vom Nonnberg und Landesmutter von Salzburg

Helga, *gestorben 1115,* Selige, Einsiedlerin im Vorarlberger Schwarzenberg; Augenkranke bitten sie um Hilfe

INTERESSANTESTE MÄNNER DER ZEIT

Arnulf von Kärnten, *850–8. Dezember 899,* letzter Kaiser der Karolinger

Ein Kärntner war der mächtigste Mann seiner Zeit. Arnulf, ein unehelicher Sohn von König Karlmann, wurde 887 auf den Thron gerufen. Legendär ist sein Sieg gegen die Normannen in Belgien, der diese rauen Krieger aus Schweden für lange Zeit nach Skandinavien verbannt. Für Geschichtsschreiber ist der Mann vor allem wichtig, weil er – ohne eheliches Kind – der letzte der »Karolinger«, also der Nachfahren Karls des Großen, ist und unter seiner Herrschaft das Frankenreich in einen Westteil (das heutige Frankreich) und einen Ostteil (das heutige Deutschland) zerfällt.

Leopold I., *regiert von 976–994,* erster eigenständiger Fürst Österreichs

Rupert, *690–24. März 716,* erster Bischof von Salzburg, nach ihm ist der Dom von Salzburg benannt

1005–1105: Ava und Koloman

Durchschnittlich sind die Männer im elften Jahrhundert 160 cm groß, die Frauen etwas kleiner. Markgraf Adalbert von Österreich, ein Nachfahre von Leopold, bildet nicht nur hier eine Ausnahme. Mit über 180 Zentimetern gilt er als Riese, ist aber wegen einer Gelenkskrankheit vom Kriegsdienst befreit. Dafür wirtschaftet er umso besser. Seine Bauern roden Wälder um Wien, bauen Früchte an, der Handel mit den benachbarten Magyaren – oder Ungarn, wie sie heute heißen – blüht, auch wenn in Ungarn ein Kampf zwischen Christen und Heiden tobt. Nur sein Chef, Konrad, Kaiser des »**Heiligen Römischen Reiches Deutscher Nation**«*, wie der Titel streng genommen erst später lautet, ist ein wenig unzufrieden. Konrad kämpft in Italien, in Mähren und Polen und siegt überall. Nur gegen die Ungarn verliert er, nicht zuletzt, weil Adalbert, der sich mit den Nachbarn gut stellen will, nicht mitmacht. So wird Konrad von den Ungarn in Wien gefangen genommen und muss seinen Traum vom deutschen Reich, das bis weit in den Osten reicht, begraben. Der Markgrafschaft Österreich hingegen nützt das alles – sie wächst stetig und reicht bald bis an die Thaya und die Leitha.

Gleichzeitig wächst überall auf der Erde die Macht der Kirche. Vor allem Mönche sind es, die neben ihrer Betätigung als Schreiber und Lehrer in der Umgebung der zahlreichen Klöster für perfekten Ackerbau und Viehzucht sorgen. Die neu

eingeführte »**Dreifelderwirtschaft**« bringt dabei höhere Erträge. Sie sieht nämlich vor, dass ein Drittel des Landes mit Sommergetreide und ein zweites Drittel mit Wintergetreide bepflanzt wird. Das letzte Drittel bleibt verschont, sodass sich die Erde ein Jahr lang erholen kann. Außerdem kommen erstmals Eisenpflüge zum Einsatz – und weil so immer mehr Hafer wächst, können mehr Pferde gezüchtet werden, die dann statt Ochsen mehr und stärkere Lasten ziehen können. Ein weiteres Zeichen für den Machtgewinn der Kirche im elften Jahrhundert setzt Bischof Altmann von Passau. Er setzt durch, dass statt der bis dahin üblichen Holzkapellen Gotteshäuser aus Stein errichtet werden. So viel Macht führt zum »**Investiturstreit**«* zwischen Kaiser und Kirche. An dessen Ende gibt es zwei Sieger: Den Papst und die Babenberger. Letztere, weil Markgraf Leopold III. vor einer entscheidenden Schlacht zum Verräter wird und statt dem Kaiser dem Papst hilft. Dafür wird er nach dem Tod des Kaisers reich belohnt.

Abgesehen von zahlreichen Dörfern ist das zweifellos bedeutendste Bauwerk Österreichs aus dieser Zeit die Errichtung der Feste Hohensalzburg durch Bischof Gebhard 1077.

Wichtige Wörter zur Zeit

Investiturstreit

Papst Gregor VII. bestimmt 1075 unter anderem, dass ein Papst sich nie irrt, die Füße eines Papstes von allen Fürsten geküsst werden sollen und nur noch er Bischöfe ernennen darf. Das passt Kaiser Heinrich IV. nicht, ist er es doch gewöhnt, selbst kirchliche Ämter zu vergeben – und weil die Berufung in kirchliche Ämter Investitur heißt, nennt man das Ganze Investiturstreit. Als Papst Gregor danach noch den Kaiser aus der Kirche bannt, gibt dieser auf und geht nach Canossa zum Papst, um sich zu versöhnen. Deswegen nennt man noch heute einen unangenehmen, peinlichen Weg, der Verzeihung zum Ziel hat, »Canossagang«. Der Investiturstreit endet erst am 7. August 1106 mit dem Tod Heinrichs IV.

Mittelalter

Noch immer streiten Geschichtsschreiber, was man unter diesem Wort verstehen kann. Grundsätzlich bezeichnet es eine

Zeitspanne. Manche datieren den Beginn mit dem Ende des Weströmischen Reichs 476, andere mit der Gründung des Islam durch Mohammed 622, Dritte mit der Krönung von Kaiser Karl 800 in Aachen. Das Ende ist ebenso umstritten und reicht von 1450 (Entwicklung des Buchdrucks) bis 1517, als Martin Luther die Reformation* *(→ 1505–1605)* beginnt. Das Wort wird von Wissenschaftern im 16. Jahrhundert geprägt, die zu dieser Epoche auch »das finstere Mittelalter« sagen, weil sich im Mittelalter ihrer Meinung nach niemand um Kultur kümmern mag. Heute leben sogar Forscher, die glauben, dass das Mittelalter eine pure Erfindung ist – und zwischen dem Ende des Weströmischen Reichs und der Entwicklung des Buchdrucks viel weniger Zeit verstrichen ist, als die meisten glauben. Ihnen zufolge leben wir heute circa im Jahr 1300 n. Chr.

Heiliges Römisches Reich Deutscher Nation

Oder auf Latein: »Sacrum Imperium Romanum Nationis Germanicae« ist die amtliche Bezeichnung für das alte deutsche Reich, das von 962 bis 1806 besteht und jahrhundertelang von österreichischen Habsburgern regiert wird. Das Heilige Römische Reich taucht als Begriff das erste Mal 1256 auf, die »deutsche Nation« kommt circa im 14. Jahrhundert ins Spiel. Das Reich hat zwar eine Art Fürstenparlament und eine Armee für den Kriegsfall, aber keine Regierung oder Hauptstadt. Vor allem nach dem »Westfälischen Frieden« *(→ 1605–1705)* 1648 ist es nur mehr ein lockerer Verbund von Fürstentümern, über den der französische Dichter Voltaire spottet: »Weder heilig, noch römisch, noch ein Reich.« Mehr als ein schöner Titel war es zuletzt jedenfalls nicht, dazu waren die Eigeninteressen der Fürstentümer im Reich zu groß.

Interessanteste Frauen der Zeit

Ava, *gestorben 1127,* erste Dichterin in deutscher Sprache
Ava lebt nach dem Tod ihres Mannes als »inclusa«, wie man Frauen nennt, die sich einmauern lassen und ihr Zimmer so nie verlassen können. Am Ende ihres Werks schreibt sie mit »Dizze buoch dihtote zweier chinde muoter« eine Bitte an Gott für ihre zwei Kinder sowie für sich selbst.

Richwara, erste Markgräfin Österreichs, heiratet Leopold I.

Frowiza, *gestorben 1058,* Tochter des Dogen von Venedig, heiratet Adalbert I. von Österreich

Interessanteste Männer der Zeit

Koloman, *gestorben am 17. Juli 1012,* Heiliger
Einer der zahlreichen Iren, die damals durch Österreich pilgern. Stockerauer halten ihn für einen Spion und hängen ihn. Bis zur Heiligsprechung von Leopold III. wird er als Landespatron von Österreich verehrt.

Otakar I., *gestorben 1064,* Graf von Steyr
Er beherrscht als erster der »Otakare« von Steyr aus die nach seiner Hauptstadt benannte Steiermark.

Azzo von Kuenring, *um 1050,* Stammvater der Kuenringer (→ *1205–1305*)

1105–1205: Theodora und Otto

Zu Beginn dieser Zeit steht eine Sage in der Burg des Markgrafen Leopold III. in Klosterneuburg. Dort soll Leopold mit seiner Frau Agnes gestritten haben, wo sie denn ein neues Kloster gründen wollen. Während des Streits reißt eine heftige Windbö Agnes ihren Hochzeitsschleier vom Kopf. Weil er trotz tagelanger Suche unauffindbar bleibt, gelobt Leopold das Kloster dort zu errichten, wo man den Schleier findet. Acht Jahre später, am 12. Juni 1114, jagt Leopold einem wilden Eber nach, gerät in undurchdringliches Waldgestrüpp – und findet den Schleier seiner Frau. Genau dort soll er den Grundstein fürs Kloster gelegt haben. So weit die Sage; die geschichtliche Wahrheit ist langweiliger. Um mächtiger zu wirken baut Leopold eine neue Burg, weswegen man den Ort

rundherum »Neuburg« nennt. Weil ihm die Burg nicht reicht, errichtet er auch noch ein Kloster – und prompt heißt der Ort dann »Klosterneuburg«. Leopold III. stirbt am 15. November 1136 durch einen Unfall bei einer Wildschweinjagd. Weil so viele Herrscher bei der Wildschweinjagd sterben, meinen Wissenschaftler, dass diese Umschreibung in Wirklichkeit »Mord durch Unbekannte« bedeutet.

Seinem Sohn Heinrich hinterlässt Leopold III. eine Grafschaft voller Klöster – er gründet Heiligenkreuz und Kleinmariazell im Wienerwald – und gut ausgebauter Pfarren. Weil ihn der Papst 1485 für diese großzügigen Geschenke an die Kirche heilig spricht, gilt Leopold seit 1663 als Landespatron von Wien und Niederösterreich. Sein Sohn Heinrich ist zwar nicht heilig, hat aber dafür großes Glück. Im Streit um die Macht im deutschen Reich entfernt Kaiser Friedrich Barbarossa, auf Deutsch »Rotbart«, 1143 die Fürsten aus dem Welfengeschlecht vom bayrischen Herzogsstuhl und belehnt statt ihrer den damals 29-jährigen Heinrich mit Bayern. Zwar muss Barbarossa bald darauf einen Rückzieher machen und den Welfen ihre Heimat zurückerstatten, Heinrich aber handelt als Ersatz für das entgangene Land Vorteile für seine Familie heraus. Festgehalten sind diese in einer Urkunde vom 17. September 1156, dem **»Privilegium minus«**, auf Deutsch »Der kleine Vorteil«, mit dem der Kaiser Österreich von der Markgrafschaft zum Herzogtum erhebt. Der neue Titel »Herzog« darf an Söhne und Töchter vererbt werden, und wenn der Herzog keine Kinder hat, darf er seinen Nachfolger selbst bestimmen. Außerdem muss er nur noch an jenen Kriegszügen des Kaisers teilnehmen, die in den Nachbarländern Österreichs stattfinden, und er darf alle Richter in seinem Herrschaftsgebiet selbst ernennen.

Herzog Heinrich verlegt seinen Sitz von Klosterneuburg nach Wien, weil er von dem Ort so beeindruckt war, als er dort Kämpfer für seine Teilnahme am Kreuzzug sammelte. Er lässt den Stephansdom verschönern und gründet das Schottenstift. Sein Nachfolger Leopold V. verdoppelt die Größe Österreichs. Denn in der benachbarten Steiermark leidet Herzog Otakar IV. an Elefantiasis, einer Krankheit, die die Glieder zu enormer Größe anschwellen lässt und es Otakar unmöglich macht, Nachkommen zu zeugen. Am 17. August 1186 trifft Otakar auf dem Georgenberg bei Enns auf Leopold. Dieser erklärt **per Handschlag**, in der Steiermark für Friede und Gerechtigkeit zu sorgen, falls Otakar stirbt. Sechs Jahre später tritt dieser Erbfall ein – und der oberösterreichische Traungau sowie die Steiermark gehen an Österreich. Leopold ist da gerade vom folgenschweren »dritten Kreuzzug«* zurückgekommen. 1191 entfernt der englische König Richard Löwenherz, in dessen Heimat Robin Hood gegen seinen Bruder John Ohneland kämpft, die Fahne Leopolds höchstpersönlich von der eben befreiten Burg Akko und wirft sie in eine Sickergrube, damit die englische Fahne oben wehen kann. Als Löwenherz auf dem Heimweg Österreich durchquert, lässt Leopold ihn gefangen nehmen und gibt ihn erst am 4. Februar 1194 gegen Lösegeld im Wert von 25 Tonnen Silber frei. Mit so viel Edelmetall führt Leopold eine eigene Währung in Österreich ein (den Wiener Pfennig) und gründet so die »**Münze Österreich**«, in der noch heute Cents für unsere Heimat geprägt werden. Außerdem baut er Städte großzügig aus und plant Wiener Neustadt – mit dem Ende seiner Regentschaft beginnt das Jahrhundert der Städte in Österreich.

WICHTIGE WÖRTER ZUR ZEIT

Minnesang

Minne heißt Liebe, und tatsächlich handeln die Lieder der fahrenden Sänger in erster Linie von unerfüllten Gefühlen gegenüber schönen Burgfräulein. Minnesänger sind wie Popstars – Dietmar von Aist der damalige Elvis Presley. Er verfasst das erste deutsche Liebeslied. Minnesänger begehrt man auf jeder Burg, sie ziehen ihr Leben lang auf »Tournee« von Fürstenhof zu Fürstenhof. Der Bedeutendste von ihnen ist Walther von der Vogelweide. Eine seiner heute noch bekannten Wortschöpfungen: Tandaradei!

Romanik

So nennt man die Kunstform des frühen Mittelalters. Typisch dafür sind im Bauwesen runde Bögen, dicke Mauern und kleine Fenster. Das am besten erhaltene Kunstwerk ist der Verduner Altar, der Goldaltar des Stifts Klosterneuburg, der so nach seinem Schöpfer Nikolaus von Verdun benannt ist.

Kreuzzug

Deus io volt – Gott will es! So lautet der Kampfruf der christlichen Ritter, die ab dem 27. November 1095 im Auftrag der Päpste ins heutige Israel ziehen, um Jerusalem von muslimischer Herrschaft zu befreien. Weil sie damit im Namen der Kirche handeln, nennt man ihre Kämpfe »Kreuzzug«. Nach ersten Erfolgen fällt mit Akko die letzte christliche Bastion in Israel 1291. Kreuzzüge aber gab es weiterhin, besonders widerwärtig ist der »Kinderkreuzzug« von 1212, bei dem 25 000 Kinder das Heilige Land »befreien« wollen, stattdessen aber, kaum gehen sie in Frankreich an Bord, als Sklaven angekettet werden. Während der Kreuzzüge in Südfrankreich wird ein neues Wort

erfunden: »Ketzer«, das sich von »Katharer« ableitet und alle Menschen abwertet, die nicht dem herrschenden Glauben angehören. Die Katharer (vom griechischen Wort für »sauber«) sind Christen, die nicht kirchentreu sind und deshalb im Auftrag des Papstes bis ins 14. Jahrhundert getötet werden.

INTERESSANTESTE FRAUEN DER ZEIT

Theodora Komnena, *um 1134–1183*
Die Nichte des oströmischen Kaisers Manuel lebt ab 1148 als zweite Ehefrau von Heinrich II. in Wien. Mit ihr kommen griechische Sitten und Bräuche ins damalige Österreich, dass das Wiegenlied »Heidschi Bum beidschi Bum Bum« von ihr ersonnen wurde, ist allerdings eine Erfindung.

Agnes, Markgräfin von Österreich, *1075–1143,* Tochter von Kaiser Heinrich IV., mit 29 Geburten kinderreichste Mutter Österreichs aller Zeiten

Agnes von Österreich, *gestorben 1175,* Tochter von Heinrich II., heiratet zwei mächtige Fürsten: den König von Ungarn und nach seinem Tod den Herzog von Kärnten

Interessanteste Männer der Zeit

Otto von Freising, *1112–22. September 1158*
Ohne Otto keine Babenberger! Denn der Sohn von Leopold III. ist nicht nur Bischof, sondern auch Geschichtsschreiber. In seiner siebenbändigen Chronik überlegt er sich unter anderem einen Namen für die Adeligen, deren Stammvater Poppo heißt und die ursprünglich aus Schwaben stammen. Statt das nahe liegende Wort »Popponen« zu nehmen, erfindet er »Babenberger« für seine Familie.

Walther von der Vogelweide, wird am *12. November 1203* zum einzigen Mal als Minnesänger urkundlich erwähnt

Hermann von Kärnten, lebt im *11. Jahrhundert* und gilt als einer der größten Wissenschafter seiner Zeit. Er ist an der ersten Übersetzung des Korans ins Lateinische beteiligt.

1205–1305: Margarete und Rudolf

Klagenfurt, Hainburg, Wien und als erste Stadt Österreichs Enns am 22. April 1212 sind unter 40 Siedlungen, die Herzog oder Kaiser in dieser Zeit zu Städten ernennen. Stadtrecht bedeutet dabei in erster Linie, dass alle, die in diesem Ort ehelich geboren sind und Grundbesitz haben, als Bürger über ihre Habe frei verfügen dürfen – im Gegensatz zur Landbevölkerung und den Nicht-Bürgern der Städte. Diese Menschen nennt man »**Hörige**«, weil sie in allem – zum Beispiel auch in der Frage, wen sie heiraten dürfen – auf ihren Gebieter, meist ein Ritter, oft ein Fürst, hören und ihm gehorchen müssen. Ein weiterer Vorteil einer Stadt: Wer ein Jahr als Höriger in ihr lebt, darf künftig über sich selbst entscheiden. Daher kommt das Sprichwort »Stadtluft macht frei«. Andere **Stadtrechte** beziehen sich meist auf den Handel, wie das Wiener Stapelrecht von 1221. Dort steht, dass fremde Kaufleute, die ihre Waren in Wien nach zwei Monaten noch nicht verkauft haben, hohe Strafen zahlen müssen. Leopold VI., der damalige Herzog Österreichs und Vergeber der Stadtrechte, mehrt solcherart seinen Reichtum, den er für fürstliches Gepränge am Hof ausgibt.

Wien gilt als eines der kulturellen Zentren Europas, Leopold VI. bekommt den Beinamen »der Glorreiche«. Als er am 28. Juli 1230 stirbt, folgt ihm sein jüngster Sohn Friedrich II., den man den »Streitbaren« nennt. Von Beginn seiner Herrschaft an kämpft er gegen alle möglichen Gegner. Zuerst gegen den Landadel seines Reiches, vornehmlich die Kuenringer, die seit damals als »**Hunde von Kuenring**« und Räuber in die österreichische Sagenwelt eingegangen sind. Dabei waren sie weniger Raubritter, mehr aufständische hohe Beamte. Ein nächster Kampf führt Friedrich gegen Wien, das sich zweimal – wie viele andere Städte seines Reichs – gegen ihn erhebt. Friedrich siegt häufig, auch als er Ungarn, das wegen eines Mongoleneinfalls im Osten an der Grenze zu Österreich wehrlos dasteht, große Gebiete abknöpft. Trotzdem wirkt sich dieser Streit als Todesurteil aus. Denn als Bela, König von Ungarn, am 15. Juni 1246 in der Schlacht an der Leitha seine Gebiete wieder erobern will, gewinnen Friedrichs Truppen zwar die Schlacht, verlieren aber ihren Gebieter. Ihn begräbt sein Pferd unter sich.

Weil Friedrich kinderlos bleibt, endet mit ihm die Herrschaft der Babenberger. Sechs Jahre nach seinem Tod erhebt der König von Böhmen, Přemysl Ottokar II., Anspruch auf die Lande. Kärnten und Teile Norditaliens wie Norddeutschlands besitzt er außerdem. Den deutschen Fürsten aber ist Ottokar zu mächtig, deswegen wählen sie nicht ihn, sondern einen 55-jährigen, eher armen Grafen zum deutschen König. Rudolf von Habsburg, dessen Familie von der Habichtsburg in der Schweiz abstammt, wird – weil Österreichs Herzogsthron zu dieser Zeit leer ist – so auch zum rechtmäßigen Herrscher Österreichs. Er muss diesen Anspruch in der entscheidenden **Schlacht auf dem Marchfeld** am 26. August 1278, der größten Ritterschlacht der Weltgeschichte, durchsetzen. An Mannstärke mit 30000 gleich, besiegt Rudolf Ottokar nur, weil er einige Ritter vor der Schlacht versteckt hat und sie losschickt, als die Gegner müde werden. Ottokar stirbt im Kampf – und Österreich bleibt bis 1918 unwidersprochen in der Hand der Habsburger. Rudolf stirbt am 15. Juli 1291 und hinterlässt alles seinem Sohn Albrecht I.

WICHTIGE WÖRTER ZUR ZEIT

Rot-weiß-rot

Anlässlich seines Ritterschlags trägt Friedrich II. am 2. Februar 1232 das erste Mal rot-weiß-rot, sein Wappen ist dabei in drei waagrechte Streifen geteilt. So ist unsere Flagge nicht, wie die Sage es erzählt, das Ergebnis ritterlichen Wirkens – Leopold V. soll während eines Kreuzzugs sein weißes Gewand so blutig gekämpft haben, dass es, als er den Gürtel abnahm, rot-weiß-rot schimmerte –, sondern Ergebnis des modischen Geschmacks des letzten Babenbergers.

Interregnum

Österreich ist ab 1246 ohne »amtlichen« Herrscher, der Kaiserstuhl in Deutschland bleibt ab 1250 gleichsam unbesetzt. Die

Zeit bis zum 1. Oktober 1273, da Rudolf I. einstimmig zum König gewählt – und später zum Kaiser gekrönt – wird und in Folge auch Österreich besitzt, nennt man »Interregnum«, was so viel bedeutet wie »Zwischenkönigreich«.

Rheinfelder Hausordnung

Wenn ein deutscher König stirbt, wird nicht automatisch eines seiner Kinder der nächste König, vielmehr dürfen Fürsten den nächsten König wählen. Das kann Rudolf I. nicht ändern. Damit seine Nachfahren aber irgendeinen sicheren Gewinn aus seinem Erbe haben, bestimmt er mit dem Vertrag von Rheinfelden am 1. Juni 1283, dass das herrenlose Österreich »für immer« unteilbar einem Habsburger gehören soll, und gibt es seinem Sohn Albrecht. Weil mit dem Besitz unserer Heimat der Titel »Herzog« verbunden ist, erhält Albrecht diesen Titel und die gleichen Rechte, wie die Babenberger sie hatten.

Interessanteste Frauen der Zeit

Margarete von Österreich, *1210–29. Oktober 1266*

Die Schwester Friedrichs des Streitbaren heiratet die mächtigsten Männer ihrer Zeit: Am 22. November 1225 Heinrich, den Sohn Kaiser Friedrichs von Deutschland, am 7. April 1252 Přemysl Ottokar II., womit dieser Anspruch auf Österreich erhebt. Margarete kehrt für den 22-jährigen Böhmen eigens dem Kloster von Würzburg den Rücken, in dem sie nach dem Tod von Heinrich seit 1242 gelebt hat. Ihre zweite Ehe hält nicht lange. 1261 lässt sich Ottokar scheiden, Margarete lebt von da an zurückgezogen in Krumau.

Gertrud, *1226–1288*
Weil sie sich mit 19 weigert, den 55-jährigen deutschen Kaiser zu heiraten, wird Österreich nicht Königreich und ihr Onkel Friedrich II., der letzte Babenberger, sauer.

Agnes Blannbek, *gestorben am 22. April 1315*, Bauerntochter und Begine, also eine nur mit Frauen zusammen wohnende Gläubige. Agnes betet während der Fastenzeit 5000 Vaterunser zu ebenso vielen Kniebeugen und erlebt als Kind das Wunder, ein Stück von Jesus Christus in ihrem Mund zu spüren. 1731 wurden Veröffentlichungen darüber vom Kaiser verboten.

Interessanteste Männer der Zeit

Ulrich von Liechtenstein, *1200–1278*, Minnesänger und Landeshauptmann der Steiermark
Ulrichs Leben ist bunt. Er nimmt an jener Schlacht teil, in der der letzte Babenberger stirbt, wirkt als höchster Richter der Steiermark, besitzt mit Murau, Frauenburg bei Unzmarkt und Liechtenstein drei Burgen und schreibt als einer der ersten Menschen Europas ein Buch, in dem er vor allem sein eigenes Leben beschreibt, eine sogenannte »Autobiografie«. Weil er aber zu viel erfindet, wird sein »Frauendienst« als Roman gewertet. Wahr ist aber die Geschichte, dass er 1227 als »Frau Venus« verkleidet zu Turnieren von Venedig bis Böhmen reist. Über seine letzten Lebensjahre vermutet man, dass er vom Böhmenkönig Ottokar gefangen gehalten wurde. 1278 begräbt man ihn in Seckau.

Meinhard II., *1238–1295,* Graf von Tirol und Herzog von Kärnten, gilt als Landesvater Tirols. Er lässt ab 1271 eine Münze prägen, die auf einer Seite ein Kreuz zeigt – der erste »Kreuzer« der Welt ist hergestellt!

Konrad Pollo, wird *1282* als erster Bürgermeister Wiens in einer Urkunde erwähnt.

1305–1405: Margarete und Otto

Das 14. Jahrhundert beginnt für die Habsburger schmählich, und doch sind sie am Ende mächtiger als je zuvor. Am 1. Mai 1308 wird Albrecht I., Sohn Rudolfs, als einziger regierender Habsburger der Geschichte ermordet. Übeltäter ist sein eigener Neffe, Johann Parricida, den später der weltberühmte deutsche Dichter Friedrich Schiller in seinem Theaterstück »**Wilhelm Tell**« verewigt. In diesem Theaterstück geht es um die Geschichte der Loslösung der Schweiz von den Habsburgern. Auftakt dafür ist die **Schlacht von Morgarten** 1315, in der das erste Mal (österreichische) Ritter gegen (Schweizer) Fußsoldaten verlieren. Als hätten die Österreicher nichts daraus gelernt, kommt es am 9. Juli 1386 zu einer Wiederholung. Bei Sempach in der Schweiz schlagen 1600 Schweizer Bauern ein Heer von 4000 österreichischen Reitern. Unter den Toten ist Leopold III. von Habsburg. Nur zwei Jahre später gilt die Herrschaft der Habsburger in der Schweiz nach der Schlacht von Näfels mit ähnlichem Ausgang als beendet. Den Verlust können die Habsburger verkraften, denn am 5. Mai 1335 erben sie Kärnten vom aussterbenden Herrscherhaus der Grafen von Görz-Tirol, ab dem 26. Jänner 1363 regieren sie Tirol, nach 1382 Triest und dazwischen schnappen sie sich große Teile Vorarlbergs.

Dabei meint die Natur es nicht gut mit unserer Heimat. Millionen von Heuschrecken vernichten die Ernte von 1338, zahlreiche Überschwemmungen und fünfzehn Millionen Tote durch die Pest 1348 lassen viele ans Ende der Welt glauben. Stattdessen kommt nach Albrecht II., einem an Armen und Beinen gelähmten Fürsten, sein Nachfolger **Rudolf IV.**, der sich selbst »**der Stifter**« nennt. Er lässt den Grundstein für den hohen Südturm des Stephansdoms legen und gründet in Wien die zweite deutschsprachige Universität der Welt. Er führt auch jede Menge Steuern ein – erstmals welche für wichtige Adelige und Priester und auch das »**Ungeld**«, die erste Steuer der Welt, die für alle gleich ist: Wer in einem Gasthaus Wein oder Bier trinkt, muss ab da 10% der Zeche an Steuern zahlen. Am 10. Februar 1364 schließt Rudolf einen folgenschweren Vertrag mit dem Herrscherhaus der Luxemburger. Darin legt er fest, dass im Fall des Aussterbens eines der beiden Geschlechter das jeweils andere alles Land erbt. Knapp 80 Jahre später haben die Habsburger Glück und erben so Ungarn und Böhmen sowie den Anspruch, »empfohlener« Anwärter auf die Kaiserwürde zu sein.

Vorläufig aber kommt es nach Rudolfs Tod häufig zu Streitereien in der Familie Habsburg. Die einzelnen Herrschaftsgebiete werden innerhalb der Familie immer wieder neu verteilt. Rings um sie ändert sich auch die Gesellschaft. Statt von Burgen wird aus Städten regiert, Universitäten ergänzen Klöster als Ort der Wissensvermittlung. Handwerker und Kaufleute organisieren sich und gewinnen an Einfluss und Macht. Gleichzeitig drängen gegen Ende des 14. Jahrhunderts islamische Streitkräfte aus dem Südosten nach Europa, nach einer Niederlage christlicher Heere am 25. September 1396 bei Nikopolis bis an die Grenzen der Steiermark. Die Habsburger reagieren auf die Bedrohung und berufen 1396 den ersten österreichischen »**Landtag**« ein. Diese Versammlung von Vertretern des hohen Adels, der Kirche, der Ritter und der Stadtbürger darf ab da den Herrscher ein wenig kontrollieren und zum Beispiel über Steuerfragen beraten. Dabei kommen auf die Vertreter der Kirche ganz eigene Probleme zu. Denn nach dem Engländer Wiclif predigt nun erstmals auf dem Kontinent ein Professor gegen die Macht des Papstes. **Jan Hus**' Worte aus dem Jahr 1405 werden Europa für immer verändern.

Wichtige Wörter zur Zeit

Goldene Bulle

Erstmals wird die Wahl zum deutschen König schriftlich geregelt. So geschehen durch Kaiser Karl IV. am 10. Jänner 1356 in der »Goldenen Bulle«. Sieben Staaten, die so genannten »Kurfürstentümer«, dürfen ab da den König in Frankfurt am Main küren. Vorteil für die Staaten: Sie sind nunmehr »unteilbar«, der Kurfürst darf Richter einsetzen, wie er will, und erhält mit den Rechten, Rohstoffe wie Eisen oder Gold abzubauen und Münzen zu prägen, weitere Vorteile, die sonst nur der König genießt. Die Kurfürsten sind die Erzbischöfe von Köln, Mainz und Trier, der König von Böhmen, der Pfalzgraf am Rhein, der Herzog von Sachsen und der Markgraf von Brandenburg. Österreich geht leer aus – und Herzog Rudolf IV. ist sauer.

Privilegium maius

Für die Schmach, kein Kurfürst sein zu dürfen, lässt Rudolf 1356 eine Urkunde, das »Privilegium maius« (auf Deutsch »Der große Vorteil«) schreiben. Darin steht, dass schon der Römerkaiser Nero den Babenbergern die gleichen Rechte zugestanden hätte wie der jetzige Kaiser den Kurfürsten. Außerdem wäre der rechtmäßige Titel der Herrscher von Österreich »Erzherzog«, nicht Herzog, und Rudolf als Nachfolger der Babenberger mit alledem gemeint. Diese Urkunde ist eine dreiste Fälschung und wird von Kaiser Karl nicht anerkannt. Knapp hundert Jahre später wird ein Habsburger Kaiser und lässt das »Privilegium maius« seither als echt gelten.

Gotik

Nach dem italienischen Wort »gotico« für fremdartig heißt der Baustil, der seinen Höhepunkt im 14. Jahrhundert erreicht. Alles strebt nach oben, Kirchen bekommen Kreuzrippengewölbe, spitze Fenster mit einem so genannten Maßwerk (Verzierungen aus Stein), hohe Türme und monströse Steinfiguren zur Abwehr böser Geister auf dem Dach. Bedeutendstes gotisches Bauwerk ist die Kathedrale von Notre Dame in Paris, in Österreich ist es der Stephansdom in Wien.

Interessanteste Frauen der Zeit

Margarete von Maultasch, *1318–3. September 1369*

Als »böse Gretl« liefert sie Stoff für Sagen. Ihren ersten Ehemann, den böhmischen Thronfolger Johann Heinrich, setzt sie vor die Tür, weil er keine Kinder zeugen kann. Als Herrscherin regiert die Frau mit der etwas dicken Unterlippe, der sie ihren Beinamen »Maultasch« verdankt, das mit Salz-, Silber- und Kupferminen reiche Land Tirol. Wer sie ehelicht, wird es erben – und das ist niemand anderer als Rudolf IV., der 1363 als 24-jähriger durch Eis und Kälte zur 45-jährigen Margarete reitet, um allen anderen zuvorzukommen. Nach ihr ist der fünfte Bezirk Wiens »Margareten« benannt.

Johanna Pfirt, *1300–14. November 1351,* Herzogin von Österreich
Sie bekommt mit 39 nach fünfzehn kinderlosen Jahren ihr erstes von sechs Kindern, den späteren Rudolf IV. Zeitgenossen bezweifeln, dass ihr an Armen und Beinen gelähmter Mann Albrecht II. tatsächlich der Vater ist.

Agnes, *1280–11. Juni 1364*, Tochter von Albrecht I., Königin von Ungarn
Sie vertritt habsburgische Interessen im Westen mit Geschick. In ihrem Gebetbuch findet sich die älteste Erwähnung der Gottesmutter Maria in deutscher Sprache.

Interessanteste Männer der Zeit

Heinrich das Findelkind, *um 1386,* Hirte
Einer Sage zufolge sichert Heinrich, als zehntes Kind eines verarmten Bauern in Kempten geboren, den Arlbergpass für Wanderer und rettet zahlreiche Menschenleben. Noch heute beruft sich die »Bruderschaft Christophen«, der die Königin der Niederlande ebenso wie der Fürst von Liechtenstein angehören sollen, auf ihn als Begründer der Bergretteridee. Ob Heinrich tatsächlich gelebt hat, darüber streiten die Wissenschafter.

Otto der Fröhliche, *1301–17. Februar 1339*
Erster Habsburger, der zum Herzog von Kärnten gekrönt wird.

Albrecht III., *1349–29. August 1395*
Stiftet 1367 den ältesten Orden Österreichs, der »Von der Locke« heißt. Der Orden sieht aus wie ein goldener Haarzopf.

1405–1505: Cimburga und Maximilian

Albrecht V. geht als Sieger aus dem Streit der Habsburger untereinander hervor und regiert das Erzherzogtum Österreich ab dem 23. April 1411 alleine. Wegen des Aussterbens des luxemburgischen Geschlechts wird er nach dem 9. Dezember 1437 sogar König von Böhmen und Ungarn. In seine Zeit fällt der erste Religionskrieg zwischen den Christen Europas. **Jan Hus** hat noch 1405 gegen den Papst und für gerechte Priester gepredigt. Dafür wird er vom Papst am 6. Juli 1415 verbrannt. Seine Anhänger aber wehren sich, es sind vor allem einfache Menschen, Bauern und Handwerker, die nun durch Mitteleuropa ziehen und gegen die Ritterheere der katholischen Adeligen losschlagen. Sie gelten lange als unbesiegbar, weil sie – wie schon die Schweizer am Morgarten *(→1305–1405)* mit einfachen Waffen die unbeweglichen Ritterheere ihrer Fürsten besiegen. Diese beschließen daraufhin, erstmals ihre Untertanen fürs Kriegführen zu bezahlen, und stellen damit so genannte »**Söldnerheere**« auf. Mit »Söldner« bezeichnet man einen Soldaten, der so lange für einen Heerführer kämpft, wie er von ihm Geld bekommt.

Am 30. Mai 1434 erleiden die **Hussiten** eine vernichtende Niederlage. Die Folgen der Hussitenkriege sind in Ober- und Niederösterreich bis heute erhalten, denn um mit den Söldnerheeren besser planen zu können, teilt Albrecht V. die Länder in Viertel auf – das Mühl- und das Waldviertel sind geboren. Berüchtigt wird Albrecht V. auch, weil er den ersten Massenmord auf österreichischem Boden befiehlt. 1420 lässt er alle Juden Wiens verhaften, die Reichen foltert er zu Tode, damit er ihren Besitz erben kann, die Armen lässt er nach Ungarn ausweisen. Als er am 24. Oktober 1439 stirbt, hinterlässt er sein Erbe seinem noch ungeborenen Sohn **Ladislaus**, den man deswegen »**Postumus**«, auf Deutsch »nach dem Tod«, nennt. Ladislaus ist der vermutlich einzige Mensch der Erde, der noch im Mutterbauch König wird.

Weil jemand, der noch nicht geboren ist, schlecht regieren kann, verwaltet derweil sein Onkel Friedrich III. allen österreichischen Besitz; Ladislaus selbst wird mit 19 sterben und nur kurz unter der Fuchtel von Adeligen regieren. Eine der ersten Maßnahmen Friedrichs ist es, den Wiener Juden ihren Besitz wiederzugeben. Friedrichs Politik wird von seinen adeligen Zeitgenossen nicht gutgeheißen. Er ist ihnen zu wenig kriegerisch, schläft – wegen seines niedrigen Blutdrucks – oft während wichtiger Sitzungen ein und wird bald als »Schlafmütze« beschimpft. Dabei geht Friedrich geschickt vor, seine

Pläne wirken sich langfristig gut für Österreich aus. Er fördert zum Beispiel seinen Sekretär Piccolomini und empfiehlt ihm die Priesterlaufbahn. Piccolomini wird Bischof, dann als Pius II. Papst und revanchiert sich bei seinem Ex-Chef. So bekommt Österreich eigene Bischofssitze, Laibach (1461) sowie Wiener Neustadt und Wien (1469) und einen eigenen Heiligen, nämlich Leopold (→*1105–1205*). Friedrich III. setzt als Erster den **doppelköpfigen Adler** im Wappen ein, der bis 1918

Zeichen Österreichs bleibt, legt Höchstpreise für Grundnahrungsmittel fest – ein Laib Brot etwa kostet vier Pfennig – und bewirkt so, dass die Bürger Österreichs immer reicher werden. Dauerhaften Frieden aber kann Friedrich nicht herstellen. Unzufriedene Adelige befehden den Kaiser oder prägen Falschgeld, viele nach den Hussitenkriegen arbeitslose Söldner besetzen Land und rauben die Bauern aus, und des Kaisers mächtigster Gegenspieler, der König der Ungarn, **Matthias Corvinus**, besetzt für einige Jahre Wien. Die Wiener sind Corvinus gegenüber freundlich gesinnt, auch weil eine von ihnen, Barbara Edepeck, die Mutter seines einzigen Sohnes Johannes ist. Friedrich flieht derweil nach Linz. Dort sitzt er das Problem Corvinus aus, denn dieser stirbt überraschend und Friedrich wird wieder Herrscher. Er stirbt am 19. Juni 1493.

Sein Sohn und Erbe Maximilian I. ist im Gegensatz zu seinem Vater ein echtes Energiebündel. Er bändigt Löwen in München und turnt in Ulm auf dem Kirchturm herum. Bei Zirl festigt er seinen Ruf als »erster Bergsteiger Österreichs«, weil er die Martinswand erklettert, und das, obwohl er sich versteigt und der Jäger Oswald Zipper ihn retten muss. Den Titel »**letzter Ritter**« verdient sich Maximilian, weil er an über 60 Turnieren teilnimmt. Dabei gibt er horrende Summen aus. Sogar im Tod ist ihm Prunk und Pomp treu: Sein Grabmal, das 1563 in der Innsbrucker Hofkirche aufgestellt wird, ist mit seinen 28 »schwarzen Mandern« – das sind Bronzestatuen, die Maximilians Verwandte darstellen – das größte Figurengrabmal der westlichen Welt. Zu Lebzeiten ist Maximilian stets pleite, auch wenn er mit Maria von Burgund und Bianca Maria Sforza, die gezählte 400 000 Golddukaten in die Ehe einbringt, zwei der reichsten Frauen Europas heiratet. Die Ehe mit Maria begründet ein Sprichwort: »**Tu felix Austria nube, bella gerant alii**« – oder auf Deutsch »Du, glückliches Österreich, heirate, Kriege sollen die anderen führen«. Tatsächlich ist es die Heiratspolitik, die die Habsburger in den nächsten Jahren zu den mächtigsten Herrschern der Erde werden lässt.

Wichtige Wörter zur Zeit

Hexenhammer

Zwei Mönche, darunter Heinrich Institoris aus Tirol, veröffentlichen dieses Buch 1487. Darin beschreiben sie, wie man weibliche und männliche Hexen erkennen und gegen sie Prozess führen soll. Wer während des Prozesses leugnet eine Hexe zu sein, soll so lange gefoltert werden, bis er oder sie gesteht. Nach dem Geständnis soll man Hexen verbrennen. Das geschieht auch – allein 1510 werden in Völs neun Menschen verbrannt, darunter die Sennerin Anna Jobst, die Kühe verhext haben soll. Berühmt wird auch der Plainacherprozess in Wien. Weil die 16-jährige Anna an Epilepsie leidet, glaubt die Kirche, dass ihre 70-jährige Großmutter sie dem Teufel ausgeliefert hat. Bevor Kirchenmänner sie verbrennen, wollen sie ihr noch 12 562 Dämonen ausgetrieben haben.

AEIOU

Mit 21 Jahren notiert Friedrich III. das erste Mal in sein Tagebuch, dass sein gesamter Besitz später die Buchstabenfolge AEIOU tragen solle. Was er damit meint, ist bis heute unklar. Viele vermuten, dass es eine Abkürzung von »Alles Erdreich ist Österreich untertan« sein könnte.

Neuzeit

Im 15. Jahrhundert ändert sich die Welt gehörig. Dank Johannes Gutenberg muss man Bücher nicht mehr abschreiben, man kann sie seit seiner Erfindung der »beweglichen Lettern« 1450 in einer Druckerpresse so oft drucken, wie man will. Christoph Kolumbus entdeckt 1492 Amerika. Die Zeit von da an bis heute nennen die Geschichtsschreiber »Neuzeit«. Die Entdeckungen sind auch für die Geisteshaltung folgenschwer. Nicht mehr nur der Himmel und die Religion, sondern der Mensch mit seinen Bedürfnissen steht im Mittelpunkt der Betrachtungen. Deswegen nennt man diese Ideensammlung »Humanismus«, auf Deutsch »Menschlichkeit«. In Italien wirken berühmte Künstler: Michelangelo bemalt die »Sixtinische Kapelle« des Papstes, Leonardo da Vinci erschafft die Mona Lisa, Paläste werden so gebaut, wie es früher Römer und Griechen gemacht haben. Statt nur Bilder aus der Bibel zu malen werden nun auch griechische Helden und Götter gezeichnet. Diese Kunstrichtung nennt man »Renaissance« oder »Wiedergeburt«. In Österreich entstehen die Burg Hochosterwitz und die Schallaburg.

INTERESSANTESTE FRAUEN DER ZEIT

Helene Kottanner, *1400–1470*
Sie wird 1436 Kammerfrau von Elisabeth, der Mutter von Ladislaus Postumus. Um dem Sohn ihrer Herrin noch als Baby die Krönung zum König von Ungarn zu ermöglichen, raubt sie die ungarische Königskrone 1440 aus der Burg Visegrád und beschreibt ihre Heldentat in ihren »Denkwürdigkeiten«. Dieses Buch, verfasst zwischen 1445 und 1452, gilt als ältester Frauenroman des deutschen Mittelalters. Die Königskrone wird später übrigens von Friedrich III., obwohl rechtmäßig zum ungarischen König gekrönt, aus Geldnot um 80000 Gulden an seinen späteren Rivalen Matthias Corvinus verkauft.

Helena Schreiber
Der Hexenprozess gegen sie 1485 in Innsbruck verläuft erfolglos, weil der Arzt Johann Merwais sie erfolgreich verteidigt. Der Ankläger, Heinrich Institoris, der vergeblich nach »Sex mit dem Teufel« fragt, schreibt aus Frust über den verlorenen Prozess den »Hexenhammer«*.

Cimburga von Masowien, *1394–28. September 1429,* Mutter von Friedrich III.
Zu Lebzeiten bekannt, weil sie Hufeisen mit der bloßen Hand verbiegen kann. Ihre körperlichen Merkmale – eine herabhängende Unterlippe sowie ein kräftiges, deformiertes Kinn – werden typisch für die Habsburger. Besonders betroffen: Karl V. *(→1505–1605)*, der den Mund nicht richtig schließen kann.

INTERESSANTESTE MÄNNER DER ZEIT

Hans von Prachatitz, *gestorben 1437,* Dombaumeister von St. Stephan
Er baut am 2. Oktober 1433 den Südturm des Stephansdoms in Wien fertig, der mit seinen 137 Metern zwei Jahre lang höchster Turm der Erde ist. Sein Nachfolger Hans Puchsbaum will es ihm beim Nordturm gleichtun. Der Sage nach verkauft er seine Seele dem Teufel und stürzt, weil er sich nicht an die Bedingung des Teufels hält, mit dem halb errichteten Turm zu Tode. Tatsächlich wird der Bau des Nordturms 1511 unter Baumeister Pilgram abgebrochen und 1556 – halb so hoch wie von Puchsbaum geplant – vollendet.

Georg von Purbach, *30. Mai 1423–8. April 1461*
Gilt als Vater der Astronomie in Österreich und führt den Sinus in die Mathematik ein

Oswald von Wolkenstein, *2. Mai 1377–2. August 1445,* letzter deutscher Minnesänger

1505–1605: Anna und Ferdinand

In der Zeit von 1506 bis 1605 trägt die **Heiratspolitik** Maximilians reiche Früchte. Nutznießer sind seine Enkel Karl V. und Ferdinand I. Karl regiert mit sechs Jahren die Niederlande, mit 16 erbt er Spanien und drei Jahre später, nach dem Tod Maximilians am 12. Jänner 1519 in Wels, ist der Weg zur deutschen Kaiserwürde frei. Weil zu Spanien dank Christoph Kolumbus auch Südamerika zählt, ist Karl V. der erste Mensch, in dessen »**Reich die Sonne nie untergeht**«. Seinem jüngeren Bruder Ferdinand I. schenkt er am 7. Februar 1522 in Brüssel Österreich. Dadurch teilt sich die Familie Habsburg in eine **spanische** und eine **österreichische Linie**.

Frisch zum deutschen Kaiser gekürt nimmt Karl V. am 17. April 1521 im deutschen Worms am Verhör **Martin Luthers** teil. Luther bleibt bei seiner Meinung, dass eine Reformation* der Kirche notwendig sei. Damit ist die Grundlage für dauerhafte Streitereien zwischen papsttreuen Katholiken und Lutheranern oder Protestanten, wie man die Anhänger Luthers auch nennt, geschaffen. Vor allem Bauern revoltieren. Sie wollen endlich ihre Religion und ihre Pfarre selbst bestimmen, wenigstens aber für die eigene Tasche und nicht für den Fürsten arbeiten. Bauern dürfen damals zum Beispiel nicht einmal einen Hund besitzen, dieses Recht ist Adeligen vorbehalten. Nach dem 10. Mai 1525, dem Beginn der Aufstände um Michael Gaismair, überrennen sie Schlösser und Städte in

Tirol, Salzburg und der Steiermark. Die Rache des Adels ist furchtbar – ganz Schladming als eines der Zentren der **Bauernaufstände** wird niedergebrannt, die Führer der Bauern umgebracht. Damit sind die Aufstände vorläufig zu Ende, der Konflikt zwischen protestantischen und katholischen Adeligen aber bleibt bestehen. Erst der »**Augsburger Religionsfriede**« vom 25. September 1555 sichert den Fürsten zu, dass sie nicht umgebracht werden, wenn sie sich zu Luther bekennen. Die Verhandlungen zu diesem Frieden leitet Ferdinand I.

Verheiratet ist Ferdinand inzwischen mit der ungarisch-böhmischen Königstochter Anna. Die beiden lernen einander zwar erst Jahre nach der Hochzeit vom 22. Juli 1515 kennen (dort hat noch Großvater Maximilian Ferdinand vertreten), sollen aber ein glückliches Paar gewesen sein. Und ein reiches außerdem. Denn als Annas Bruder Ludwig während der Niederlage seines Heeres bei **Mohács** am 29. August 1526, in deren Folge Ungarn von den Türken besetzt wird, stirbt, fällt Ferdinand I. die böhmische und ungarische Königswürde zu. Sofort bestimmt er, welche Beamten und Ministerien es künftig in seinem »österreichisch-ungarisch-böhmischen« Reich geben soll, eine Verordnung, die bis 1848 gilt. Am 14. Oktober 1529 gelingt es Ferdinand außerdem, die Türken unter Sultan Süleyman von Wien zu vertreiben, sodass er, als er am 25. Juli 1564 stirbt, seinem Sohn Maximilian II. ein wohlgeordnetes, vergleichsweise friedliches Reich hinterlassen kann.

Maximilians Regentschaft bleibt friedlich; berühmt wird er, weil er den ersten Elefanten nach Österreich bringt, 1577 die Spanische Hofreitschule mit Lipizzanern in Wien begründet – und vor allem weil er auf seinem Sterbebett am 12. Oktober 1576 als einziger Habsburger der Geschichte gesteht, eigentlich Anhänger von Luther zu sein. Da ist sein Erbe, Rudolf II., von ganz anderem Kaliber. Von spanisch-jesuitischen Mönchen erzogen betreibt er die Gegenbewegung gegen die Lutheraner, die »**Gegenreformation**«, unerbittlich. Außerdem führt er in Wien und Prag, seiner Lieblingsstadt, das »spanische Hofzeremoniell« ein. Darin ist zum Beispiel genau festgelegt, wer wann mit dem Kaiser reden oder mit ihm im gleichen Zimmer sein darf. Noch Kaiserin Sisi (→ *1805–1905*) leidet dreihundert Jahre später unter der Strenge dieser Regeln. Sonst beschäftigt sich Rudolf lieber mit der Wissenschaft und der Kunst: Der Biologe Karl Clusius pflanzt 1588 für Rudolf den ersten Erdapfel Österreichs, die erste Zeitung Wiens erscheint genauso wie das erste Buch über Österreichs Blumenwelt, und in Klagenfurt beginnt man am Lindwurmbrunnen zu arbeiten. Doch der Friede täuscht – bald droht Rudolf durch seinen Bruder Ungemach (→ *1605–1705*) und die zumeist protestantischen Adeligen Österreichs sind mit ihrem zutiefst katholischen Kaiser nicht zufrieden. Österreich steht an der Schwelle zum schlimmsten Krieg, der bis 1914 stattfinden wird.

WICHTIGE WÖRTER ZUR ZEIT

Alchemie

Alchemisten sind die Wissenschafter ihrer Zeit. Die meisten wollen den »Stein der Weisen« finden, also eine Methode, wie man Gold herstellen kann. Viele beschäftigen sich auch mit der Herstellung lebender Wunderwesen, was sich später in der Literatur findet: in Goethes »Faust« (1808/33), dem bedeutendsten Theaterstück der deutschen Sprache, oder in »Der Golem« (1915), einem Buch von Gustav Meyrink. Der wahre Kern dieses Buchs ist der Versuch von Kaiser Rudolf II., gemeinsam mit Rabbi Löw einen künstlichen Menschen aus Ton herzustellen. Wichtige Arbeitsgrundlage ist das Buch »Tabula Smaragdina« (d. h. Smaragdtafel), es soll in wenigen rätselhaften Sätzen wie »Du wirst die Erde vom Feuer, das Zarte vom Groben trennen, sanft und sorgfältig« die gesamte Weltweisheit enthalten. Auch wenn ihre Hilfsmittel unwissenschaftlich klingen mögen – Alchemisten zerlegen Mäuse, zerstampfen Schwefel, lassen Tinkturen brodeln und Pulver verdampfen –, letztlich hat die Arbeit des »Mal schauen, was passiert« Erfolg. Ohne Alchemisten gäbe es kein Porzellan oder Schießpulver in Europa. Das Wort selbst kommt übrigens vom arabischen »al kymia« und bedeutet »Ägypten«.

Reformation

So heißt die kirchliche Bewegung, die mit Martin Luther ihren Höhepunkt erreicht. Der, damals ein einfacher Mönch, heftet am 31. Oktober 1517 einige Zettel an die Kirchentür des deutschen Wittenberg. Darin fordert er das Heiratsrecht für Priester, das Ende der Herrschaft des Papstes und Messen in deutscher Sprache – bis ins 20. Jahrhundert waren diese für Katholiken auf Latein! Außerdem hält er fest, dass man sich nicht mit Geld von Sünden freikaufen kann. Mit diesem »Ablass« haben davor viele Bischöfe viel Geld verdient. Die Kirchenteilung, die Martin Luther damit erfolgreicher als einer seiner Vorgänger, Jan Hus *(→1305–1405; 1405–1505)*, einleitet, nennt man »Reformation«, auf Deutsch »Umbau«.

Gregorianischer Kalender

Ostern im Dezember? Eine furchtbare Vision, die Papst Gregor XIII. zum Handeln motiviert. Denn der alte Kalender, den der römische Diktator Julius Cäsar eingeführt hat, ist so ungenau, dass bis 1582 zehn Tage zu viel vergangen sind, und kein Ende ist abzusehen. Die zehn Tage lassen Papst und Kaiser Rudolf II. bei der Einführung des neuen Kalenders großzügig entfallen, sodass auf den 4. der 15. Oktober 1582 folgt. Viele Adelige protestieren dagegen, weil ihnen dadurch zehn Tage Arbeit ihrer Bauern fehlen, andere lehnen ihn ab, weil sie als Anhänger Luthers dem Papst nicht folgen wollen. In Russland wird der Kalender gar erst 1918 eingeführt, weswegen die »Oktoberrevolution« in ihrer Heimat »Novemberrevolution« heißt *(→1915–1925)*. In Österreich gilt der Kalender aber seither bis heute.

Interessanteste Frauen der Zeit

Margarete von Österreich, *10. Jänner 1480–1. Dezember 1530,* Erzherzogin
Weil ihre Schwägerin Johanna wahnsinnig wird, erzieht Margarete ihre Neffen Karl V. und Ferdinand I. und regiert in Maximilians Auftrag die Niederlande. Mit der französischen Herzogin Louise von Savoyen stiftet sie den Frieden, der den Männern nicht gelingt: Am 5. August 1529 versöhnen sich der deutsche Kaiser und der französische König nach jahrelangem Krieg.

Anna von Neumann-Wasserleonburg, *1535–18. Dezember 1623,* reichste Steirerin ihrer Zeit
Sie gilt, weil sie Geld an den Kaiser und an die Bürger von Murau verleiht, als erste Bankerin Österreichs. Mit 81 heiratet sie den 31-jährigen Georg Schwarzenberg, dem sie den Großteil ihres Vermögens vermacht. So werden die Schwarzenbergs bis heute eine der reichsten Familien Mitteleuropas. Weil sie Protestantin ist, darf sie eigentlich nicht in der Kirche begraben werden. Die Lösung des Pfarrers: Man macht ein Loch in die Mauer der Kirche, damit Annas Kopf außerhalb liegen kann.

Salome Alt, *21. September 1568–27. Juni 1633*
Lebensgefährtin des Salzburger Erzbischofs Wolf Dietrich. Für sie baut er das Schloss Mirabell.

INTERESSANTESTE MÄNNER DER ZEIT

Theophrastus Bombastus von Hohenheim, Paracelsus genannt, *10. November 1493–24. September 1541,* Arzt
Zu seinen Lebzeiten werden Menschen durchschnittlich 35 Jahre alt (heute: 77); Ärzte vor ihm setzen gegen Krankheiten auf Rezepte wie »Lege einen Eisenring aufs Haupt, gehe in einer Kirche um den Altar und lege den Ring dort ab«. Die Kirche verhindert eine bessere Ausbildung – am menschlichen Körper darf nicht herumgeschnitten werden, und schließlich wäre Gesundheit vor allem göttliche Angelegenheit. Paracelsus ist die Bibel als Quelle seiner Kunst zu wenig, er forscht selbst und entdeckt viele Neuigkeiten wie Nierensteine, Wundinfektion oder neue Operationen. Berühmt wird sein Spruch »Gleiches heile mit Gleichem, Gegensätzliches mit Gegensätzlichem«.

Peter Canisius, *8. Mai 1521–21. Dezember 1597,* jesuitischer Mönch, schreibt im Auftrag Ferdinands I. den »Kleinen Katechismus« gegen die Reformation. Das Buch wird zum wichtigsten Lehrbuch der katholischen Kirche bis heute.

Wolfgang Lazius, *31. Oktober 1510–19. Juni 1565,* Humanist, Leibarzt des Kaisers, verfasst in Wien die erste Geschichte seiner Heimatstadt und veröffentlicht den ersten gedruckten Atlas.

1605–1705: KATHARINA UND ALBRECHT

1606 ist ein bedeutendes Jahr für die Geschichte Österreichs. Denn am 25. April ernennt sich Matthias zum Chef des **Hauses Habsburg** (Bruderzwist*) und verhandelt am 11. November einen Frieden mit den Türken. Dieser hält auch deswegen über 50 Jahre, weil die Türken ihre Soldaten für den Krieg gegen die Perser im Ostteil ihres Landes benötigen. Dass die Türken den Südosten unserer Heimat fürs Erste in Frieden lassen, bedeutet gewaltiges Glück für Österreich. Denn am 23. Mai 1618 bricht der Krieg zwischen Protestanten und Katholiken los. Anlass ist das Vorsprechen Hunderter böhmischer Bürger vor dem Prager Statthalter der Habsburger: Sie wollen, dass der Kaiser den Protestantismus in Böhmen erlaubt. Graf Wilhelm Slavata lehnt ab – und die empörten Böhmen werfen ihn aus dem Fenster seiner Residenz. Der Graf überlebt den »**Prager Fenstersturz**«, weil er auf einem Misthaufen landet –, der Krieg aber bricht los. Mit wechselvollem Schlachtenglück stehen einander Böhmen, Schweden, Dänen und Franzosen auf der einen Seite sowie Österreich mit katholischen deutschen Fürstentümern auf der anderen Seite gegenüber. Die bedeutendsten Gestalten des Krieges, der wegen seiner Dauer bis 1648 »**Der Dreißigjährige Krieg**« genannt wird, sind auf österreichischer Seite Johann Graf Tilly sowie Fürst Albrecht von Wallenstein.

Am Ende des Krieges sind die Menschen Mitteleuropas erschöpft. Ein Drittel der gesamten Bevölkerung ist gestorben, zahlreiche Dörfer und Städte niedergebrannt. Mit dem Westfälischen Frieden vom 24. Oktober 1648 beenden die Fürsten den Krieg und ein Zeitalter des Aufschwungs kann beginnen. Österreich, das zuerst von Ferdinand III. und ab dem 18. Juli 1658 von Kaiser Leopold I. regiert wird, gibt sich dem **Barock*** mit verschwenderischer Pracht hin. So wird die Hochzeit von Leopold I. mit Margarete Theresia von Spanien monatelang gefeiert. Mann trägt dazu eine langhaarige weiße Perücke mit Locken, dazu Sakko und schwarze Lederschnallenschuhe. Frau hingegen Mieder zum Bauch-Einschnüren und bodenlangen Rock – beide schmücken ihre Kleidung mit feinster Spitze an allen möglichen Zipfeln. Knapp elf Jahre später fordert die **Pest** in Österreich Hunderttausende Tote. Das hängt mit den ungesunden Lebensbedingungen zusammen. Bauern zum Beispiel dürfen nur an Feiertagen Fleisch essen und das Baden in öffentlichen Schwimmbädern ist überhaupt allen Menschen von der Kirche verboten worden, weil man dort andere Leute nackt sehen könnte. Die Kirche, vor allem ein gewisser Ulrich Megerle, der sich selbst **Abraham a Sancta Clara** nennt und seit dem 28. April 1677 Hofprediger ist, gibt lieber anderen die Schuld: Megerle behauptet, die Juden hätten die Pest verursacht. Diese Behauptung ist zwar schwachsinnig, hat aber schlimme Folgen: 1699 werden alle Juden aus Wien und Niederösterreich verjagt. Während an die Vertreibung der Juden kein Denkmal erinnert, zeugen **Pestsäulen** in ganz Österreich und das Lied vom »**Lieben Augustin**« noch heute von der Pest im Jahre 1679, die zum Beispiel ganz Hartberg in der Steiermark dahingerafft hat.

Die Pest ist nicht das einzige Ungemach für den absolut

(→ 1705–1805) regierenden Herrscher. Ab dem 14. Juli 1683 bedrängt die größte Gefahr Österreich: Die Türken unter **Kara Mustafa** belagern den »goldenen Apfel«, wie sie Wien wegen seines Reichtums nennen. Dank Polenkönig **Sobieski** und seinen 79000 Soldaten sowie der heldenhaften Verteidigung der Wiener unter Graf von Starhemberg können die Türken ab dem 12. September 1683 vertrieben werden.

Und danach beginnt die lange Siegesreihe des **Prinzen Eugen**. Dieser besitzt drei Barockschlösser, die alle heute noch genutzt werden. In der Wiener **Himmelpfortgasse** arbeitet heute der Finanzminister, im Schloss **Belvedere** kann man die von Prinz Eugen begonnene Bildersammlung der »Österreichischen Nationalgalerie« bewundern. Und Touristen staunen über das Barockschloss **Schlosshof im Marchfeld**, das später noch von Maria Theresia *(→ 1705–1805)* genutzt werden wird. Seinen ersten Erfolg feiert er am 11. September 1697 bei

Zenta gegen die Türken und erobert so Ungarn und weite Teile Rumäniens für Kaiser Leopold I. Danach beruft ihn Leopold an die Front zu Frankreich – denn weil die Habsburger in Spanien ausgestorben sind, streiten Franzosen und Österreicher darum, wer den Thron besetzen darf. Während dieses »**Spanischen Erbfolgekriegs**« stirbt Leopold I. 1706 – da stehen die größten Erfolge Prinz Eugens noch aus.

Wichtige Wörter zur Zeit

Barock
So heißt die für Österreich typische Kunstform. Man erkennt sie an Gebäuden daran, dass vieles verschnörkselt, geschmückt und vergoldet ist. Johann Fischer von Erlach, sein Sohn Joseph und Lukas von Hildebrandt, so heißen die berühmten Baumeister des Barock. Bedeutendste Bauwerke: Schloss Schönbrunn und Schloss Belvedere in Wien, der Salzburger Dom, der am 25. September 1628 geweiht wird, der Altar der Kirche von Mariazell in der Steiermark und die Klöster Melk in Niederösterreich sowie Stift Wilten in Innsbruck.

Bruderzwist im Hause Habsburg
So heißt ein Theaterstück des berühmten österreichischen Autors Franz Grillparzer (1791–1872). Als Vorlage dienen ihm die Geschehnisse rund um Rudolf II. Der wird von seinem Bruder Matthias wegen seiner Vorliebe für Alchemie und seltsame Sammlerstücke wie Nixenzähne und biblische Nägel 1610 für »gefährlich blöde« erklärt und abgesetzt. Rudolf versucht sich zu wehren, stirbt aber zwei Jahre später; der Weg zum Kaiser-

tum ist für Matthias frei. Als eifriger Einflüsterer im Hintergrund von Matthias wirkt Bischof Melchior Khlesl, der nicht nur viele Lutheraner zum Katholizismus bekehren, sondern auch König der Niederlande werden will. Nach dem Tod von Matthias wandert er fürs Erste ins Gefängnis, später kommt er frei und steigt zum Kardinal in Wien auf. Matthias ist übrigens der Erste einer langen Reihe von Habsburgern, der in der Kapuzinergruft in Wien beigesetzt wird.

Frankenburger Würfelspiel

Damit die Bayern im Dreißigjährigen Krieg zu Österreich helfen, schenkt der Kaiser ihnen Oberösterreich. Unter Stefan Fadinger und Christoph Zeller revoltieren die Bauern gegen die neuen Herrscher. Aus Rache zwingt zuerst der bayrische Graf Herberstorff 36 der Bauernführer am 15. Mai 1625 im so genannten »Frankenburger Würfelspiel«, gegeneinander ums Leben zu spielen – wer verliert, wird getötet. Am 20. November 1626 vernichtet Graf Gottfried Pappenheim die Armee der Bauern, die davor immerhin halb Oberösterreich samt Linz erobert hat, endgültig. Seither nennt man unsympathische oder dumme Menschen in Österreich abfällig »Pappenheimer«.

INTERESSANTESTE FRAUEN DER ZEIT

Katharina von Wechsler, *1607–12. Februar 1672*

Im Volksmund wegen zahlreicher Prozesse »die schlimme Liesl« genannt, ist sie seit 1648 Herrin der Riegersburg in der Steiermark. Von ihrem dritten Mann, dem 25-jährigen Hans Rudolf von Stadl, den sie als 67-Jährige heiratet, lässt sie sich scheiden, weil er sich wie der eigentliche Herr über ihre Besitztümer aufführt. Katharina lässt die Riegersburg zu ihrer heutigen Form ausbauen und stirbt friedlich.

Catharina Greiffenberg, *7. September 1633–8. April 1694,* bedeutendste Schriftstellerin des Barock

Katharina Paldauf, *gestorben 1673,* Blumenhexe
Das ehemalige Stubenmädchen der Tochter von Katharina Wechsler wird 1670 von der Bäckerin Maria Treiber beschuldigt eine Hexe zu sein. Bei der Inquisition – auf Deutsch: »Befragung«, so heißt das Foltern und Verhören Angeklagter durch katholische Kirchenmänner – gesteht sie, mitten im Winter Blumen zum Blühen gebracht zu haben. Katharina wird öffentlich verbrannt.

INTERESSANTESTE MÄNNER DER ZEIT

Albrecht Wenzel von Wallenstein, *24. September 1583–25. Februar 1634,* Feldherr
1608 wird ihm vom berühmtesten Sternenforscher seiner Zeit, Johannes Kepler, der als erster Mensch die Bewegung der Planeten richtig berechnet hat, ein Horoskop erstellt. Darin heißt es, dass Wallenstein hart über seine Untertanen, geizig und streitbar sein und von niemandem geliebt werden wird. Hart ist Wallenstein zweifellos. Für den Kaiser und den Katholizismus stellt er im Dreißigjährigen Krieg mehrfach eine eigene Armee auf und kämpft sich von Erfolg zu Erfolg. Das macht Kaiser Ferdinand III. misstrauisch, Wallenstein ist ihm zu

mächtig. Als er auch noch 1634 eigenmächtig mit Sachsen und Schweden über einen Frieden verhandelt, sind seine Tage gezählt. Der Kaiser lässt seinen erfolgreichsten Feldherrn am 25. Februar 1634 in Eger ermorden.

Georg Franz Kolschitzky, *1640–20. Februar 1694*
Der Sage nach Begründer des ersten Kaffeehauses in Wien, in Wirklichkeit einer der mutigen Boten, die Botschaften zwischen dem von Türken belagerten Wien und dem Kaiser, der nach Passau geflohen ist, hin- und hertragen. Tatsächlich wurde das erste Kaffeehaus vom Armenier Johann Diodate in der Wiener Rotenturmstraße 14 am 17. Jänner 1685 eröffnet.

Ernst Rüdiger Graf von Starhemberg, *12. Jänner 1638–7. Juni 1701,* Feldmarschall
Verteidigt mit 17000 Mann Wien erfolgreich gegen 180000 türkische Soldaten unter Kara Mustafa. Rettet am 20. August 1683 ein zehnjähriges Kind, das die Wiener für einen Spion halten und deswegen hinrichten wollen.

1705–1805: MARIA UND JOSEPH

Die nun folgende Epoche Österreichs steht im Zeichen der fähigsten Regentin, die unsere Heimat je hatte: Maria Theresia, die vom 20. Oktober 1740 bis zu ihrem Tod am 29. November 1780 regiert. Damit sie als Frau überhaupt Chancen auf den Thron hat, muss ihr Vater Kaiser Karl VI. die **»Pragmatische Sanktion«** beschließen. Dieses Gesetz vom 19. April 1713 bestimmt, dass alle österreichischen Länder zusammengehören und dass auch eine Frau regieren darf. Für Englands Ja verzichtet er auf den Handel mit Indien. Damit Frankreich zustimmt, schenkt ihm Karl VI. Lothringen, das Gebiet seines zukünftigen Schwiegersohns.

Ein knappes Jahr später, am 6. März 1714, verhandelt Prinz Eugen für seinen dritten Kaiser – Leopold I. stirbt 1705, sein ältester Sohn Josef I. 1711 – den **Frieden von Rastatt** heraus. Darin legt er fest, dass sich Österreich um Belgien, Sardinien und Teile Italiens vergrößert, im Gegenzug erhält Frankreich das Recht, den spanischen König zu bestimmen. So endet der **»Spanische Erbfolgekrieg«**. Prinz Eugen löst danach die Probleme des Kaisers im Osten und besiegt die Türken bei Belgrad am 22. August 1717 endgültig. Dem Prinzen singen die Österreicher dafür das Lied **»Prinz Eugenius, der edle Ritter«**. Neun Jahre später kommt es zu einer denkwürdigen Begegnung. Die erst sechsjährige Maria Theresia trifft auf den damals 15-jährigen Franz Stephan von Lothringen. Es ist Liebe auf den ersten Blick, die sich zur Hochzeit am 12. Februar 1736 darin zeigt, dass Maria Theresia ihrem Mann einen Blumenstrauß aus 2700 Juwelen schenkt. Diesen kann man noch heute im Naturhistorischen Museum in Wien bewundern.

Während der Regentschaft reformiert* Maria Theresia Österreich gründlich, ihr Mann saniert die Finanzen der Familie. Er häuft in 25 Jahren über 18 Millionen Gulden an, Geld, von dem die Habsburger noch heute leben. Im Gegenzug verliert Österreich Land – denn der Preußenkönig Friedrich II. erringt in drei »**Schlesischen Kriegen**« zwischen 1740 und 1763 ganz Schlesien, wie ein Teil Südpolens heißt. Als Maria Theresia

1780 stirbt, beerbt sie Josef II., ihr ältestes von insgesamt 16 Kindern. Josef setzt das Reformwerk seiner Mutter fort. Er verbietet am 1. November 1786 die Todesstrafe, gewährt Religionsfreiheit und erlässt am 1. November 1781 das »**Untertanen-Patent**«, das festlegt, dass jeder heiraten darf, wen er will. Er nimmt außerdem über 400 Klöstern ihren Besitz weg und bestimmt, dass seine – mittlerweile unkündbaren – Beamten gemeinsam mit Kirchenmännern über den Besitz der Kirche sowie über die Priesterausbildung mitbestimmen. Diese Epoche nennt man wegen der Freiheiten, die die Herrscher ihren Untertanen zugestehen, und weil die Kirche an Bedeutung verliert und man mehr an die Wissenschaft zu glauben beginnt, die Zeit der »**Aufklärung**«, die Herrscher regieren aufgeklärt absolutistisch*. Joseph II. öffnet seinen privaten Wald für alle Österreicher, woraus sich der »**Wiener Prater**« entwickelt, gründet am 16. August 1784 mit dem Wiener Allgemeinen Krankenhaus (AKH) ein modernes Spital für alle und liefert sonst Stoff für Anekdoten. So soll der Kaiser am 19. August 1769 in Slawikowicz im heutigen Tschechien persönlich einen Pflug gezogen haben, was für die absolut regierenden Herrscher noch völlig undenkbar gewesen wäre. Die »aufklärerischen« Taten der Herrscher tragen allerdings zu wenig zum Glück der Bevölkerung bei. Man will mehr Freiheit, nicht mehr für ein Paar Schuhe und Nahrungsmittel ein Jahr arbeiten, wie das für Mägde und Knechte üblich ist.

In Frankreich entlädt sich der Volksunmut in der **Französischen Revolution***. An deren Ende krönt sich ein Korse namens Napoleon Bonaparte zum Kaiser aller Franzosen. Diese Selbstkrönung – im Gegensatz zur Kaiserwahl fürs Heilige Römische Reich* *(→1005–1105)*, festgelegt in der Goldenen

Bulle* *(→1305–1405)* – trifft die Eitelkeit des seit 1792 als Franz II. regierenden Neffen von Josef II. Das Heilige Römische Reich hat sich aber auch politisch endgültig überlebt. Die vielen deutschen Fürsten bestimmen lieber selbst als den Kaiser zu fragen. Im Norden wird der preußische König immer mächtiger. Auf Anraten seines Außenministers Johann Ludwig von Cobenzl beschließt Franz II. daher, Österreich am 11. August 1804 zum eigenständigen **Kaiserreich** zu erheben. Als »Morgengabe« tritt die Kirche Salzburg, das bis dahin ein eigenständiger Staat war, an Österreich ab. So führt Franz II., Kaiser des Heiligen Römischen Reiches Deutscher Nation, was er bis 1806 bleibt, seit 1804 als Franz I. Kaiser von Österreich, unsere Heimat in das Zeitalter der Industrialisierung. Der Auftakt ist schmählich. Am 3. Dezember 1805 verlieren die verbündeten Länder Preußen, Russland und Österreich in der »**Dreikaiserschlacht**« gegen Napoleon, der so zum Gebieter über die meisten Staaten Europas wird.

Wichtige Wörter zur Zeit

Reformen der Maria Theresia

Statt nur auf freiwillige Adelige verlässt sich Maria Theresia seit dem 2. Mai 1749 auf bezahlte, zum Teil bürgerliche Beamte, die so (bis heute!) genannten Hof- und Ministerialräte. Damit diese in Restaurants ungestört bleiben, bestimmt die Kaiserin, dass Gasthöfe ein »Extrastüberl« haben müssen, weswegen noch heute viele Restaurants ein »Extrazimmer« haben. Ihr Beraterteam setzt wirksame Reformen um. Joseph von Sonnenfels verbietet die Folter und erfindet 1751 das »Grundbuch«, in das heute noch alle ihren Besitz in Österreich – zum Beispiel Gärten oder Eigentumswohnungen – eintragen müssen. Damit schafft er für seine Kaiserin Klarheit, was wem gehört und wer daher wie viel Steuern zahlen muss. Gerard von Swieten, ihr Leibarzt, begründet die Hofbibliothek aufs Neue. 1774 bestimmt die Kaiserin, dass alle Österreicher vom sechsten bis zum zwölften Lebensjahr die Schulbank drücken müssen, zum Beispiel im »Theresianum«, einem Gymnasium, das sie im Schloss »Favorita« ihres Vaters gründet. Am 21. Oktober 1752 führt Maria Theresia außerdem das »Lotto« in Österreich ein, 1772 gründet sie die Post und 1741 das Burgtheater. Das damalige Burgtheater lässt sie am Platz des alten Ballhauses, wo ihre Vorfahren Feste gefeiert haben, errichten. Heute arbeiten am »Ballhausplatz« in Wien der Bundeskanzler und der Bundespräsident.

Absolutismus

Wenn *ein* Mensch sowohl Gesetze bestimmen darf (Legislative) als auch bestimmt, wer sie wie ausübt (Exekutive), und auch noch urteilt, ob sich alle ans Gesetz halten (Judikative), dann regiert dieser Mensch absolut (vom lateinischen Wort für »losgelöst«). Besonders die Kaiser des 16., 17. und 18. Jahrhunderts waren absolutistische Regenten. Der Herrscher behauptet dabei meist, dass er herrscht, weil Gott das so will, wozu man »Gottesgnadentum« sagt. Die absolute Macht der Kaiser soll sich auch in den Parks ihrer Schlösser zeigen, in denen die Bäume so geschnitten werden, wie er's will – und nicht so wachsen dürfen, wie die Natur es bestimmt. Zur Zeit des Absolutismus entstehen erste Fabriken in Europa, in denen viele Arbeiter mit ihren Händen Waren erzeugen (die

»Manufakturen«). Jeder Staat versucht Geld und Gold anzuhäufen. Man erlässt hohe Zölle, die Waren aus fremden Ländern unattraktiv machen sollen, und verhindert die Ausfuhr von Rohstoffen, zum Beispiel Eisen, das man lieber selbst zu Kanonen oder Ähnlichem schmieden will. Weil sich der Staat dabei so verhält wie ein Kaufmann, nennt man diese Wirtschaftsform »Merkantilismus« vom lateinischen Wort »mercator« für Kaufmann.

Französische Revolution

Am 14. Juli 1789 stürmen Hunderte empörte Bürger das Pariser Gefängnis »Bastille« und befreien Gefangene des Kaisers. Das ist der Beginn der »Französischen Revolution« und seit damals Nationalfeiertag Frankreichs. Mit den Schlagwörtern »Freiheit, Gleichheit, Brüderlichkeit« entmachten die Revolutionsführer Georges Danton, Maximilien Robespierre und der wegen seiner langen blonden Haare »Todesengel« genannte Louis Saint-Just den französischen König und alle Adeligen. Im Vorfeld der Revolution macht sich Marie Antoinette, Tochter der Maria Theresia und Frau des französischen Königs, berühmt, wenngleich nur mäßig beliebt. Sie rät den hungernden Menschen von ihrem Palast aus, dass sie, wenn sie kein Brot hätten, halt Kuchen essen sollten. Später wird sie wie ihr Mann enthauptet. Noch heute ist die Guillotine, die Enthauptungsmaschine, die auf einen Zigarrenabschneider des Arztes Joseph Guillotin zurückgeht, berüchtigt. Doch die Revolution frisst ihre Kinder, wie ein bekanntes Zitat lautet. Über 40000 Enthauptete später – die o. g. Führer werden allesamt umgebracht – ernennt sich 1799 Napoleon, einer der Führer der französischen Armee, zum Kaiser. Auch wenn die Revolution von damals in einer Monarchie endet – ohne sie wäre Österreich noch heute keine Republik, denn der Gedanke der Gleichberechtigung aller Bürger setzt sich ab da unaufhaltsam in Europa durch.

INTERESSANTESTE FRAUEN DER ZEIT

Maria Rebekka von Harrach, *1742–18. April 1806,* letzte eigenständige Herrscherin in Vorarlberg
Lange Zeit regieren in Vorarlberg die Grafen von Montfort, später die Grafen Werdenberg, zuletzt die Herren von Ems. Beginnend mit Ritter Tumb 1363 verkaufen die Vorarlberger Adeligen aber ihre Burgen und Äcker den Habsburgern, um sich mit dem Geld ein sorgloses Altern zu sichern. 1783 schließt der letzte Montfort, Herrscher über Tettnang, die Augen. Die letzte der Nachfahren von Ems ist die Gräfin von Harrach, die noch 1765, als Maria Theresia ihr den Reichshof Lustenau wegnehmen will, erfolgreich zu Gericht geht. Der Reichshof muss 1789 – Maria Theresia ist bereits tot – von den Habsburgern rückerstattet werden. Die Familie Harrach übersiedelt trotzdem nach Böhmen. Nach dem Tod der Gräfin, die uns eine weltberühmte Abschrift des Nibelungenlieds* *(→505–1005)* hinterlässt, ist der Anschluss Vorarlbergs an Österreich aber bis auf kleine Gebiete, die bis 1804 aus deutscher Hand an die Habsburger gehen, vollendet.

Katharina Lanz, *20. September 1771–8. Juli 1854*
»Mädchen von Spinges« genannt, weil sie die Kirche dieses Südtiroler Ortes 1797 gegen französische Truppen verteidigt.

Angelika Kauffmann, *30. Oktober 1741–5. Jänner 1807*
Erste unabhängige und bedeutendste Rokoko-Malerin Österreichs (Rokoko heißt eine besonders verschnörkelte Form des Barock).

INTERESSANTESTE MÄNNER DER ZEIT

Wolfgang Amadeus Mozart, *27. Jänner 1756–5. Dezember 1791,* Komponist

Eigentlich heißt er ja Gottlieb, aber die lateinische Übersetzung »Amadeus« klingt einfach besser. Schon mit sechs Jahren, am 13. Oktober 1762, spielt er Klavier vor Kaiserin Maria Theresia. Als Erwachsener lebt er als erster Musiker ohne einen Fürsten, der ihm eine »Lebensstellung« gibt, nur von Aufträgen. Mozart macht mit seiner Musik Millionen, gibt aber für Spiel und Trank mehr aus, als er hat, und schafft sich Feinde – nicht zuletzt wegen seiner ordinären Worte (»Einen Arsch voll

Komplimente wünsch ich ihm«, schreibt er zum Beispiel an seinen Vater). Mozart stirbt in Armut und hinterlässt in seinem Gesamtwerk, das im »Köchel-Verzeichnis« beschrieben wird, unter anderem über 50 Symphonien, die Opern »Zauberflöte« und »Don Giovanni« sowie die Melodie zu unserer heutigen Bundeshymne. Mit dem Rohrauer Joseph Haydn und dem Deutschen Ludwig van Beethoven bildet er das Startrio der »Wiener Klassik«, wie die gemeinsame Musikrichtung heute genannt wird.

Johann Graf Fries, *19. Mai 1719–19. Juni 1785,* Fabrikant
Exportiert 1752–1776 die damalige Währung Österreichs, den Maria-Theresien-Taler, nach Arabien, wo dieser bis ins 20. Jahrhundert gültiges Zahlungsmittel bleibt.

Joseph Anton Stranitzky, *10. September 1676–19. Mai 1726,* Zahnarzt
Erfinder des Hanswurst, einer komischen Figur in Volksstücken und auf Wanderbühnen.

1805–1905: SISI UND FRANZ

»Ich kenne kein anderes Glück als das Glück dieser Völker!« So appelliert Kaiser Franz I. an die Menschen Österreichs am 22. Jänner 1806. Er will damit seine frische österreichische Kaiserwürde festigen und das Land auf einen langwierigen Krieg gegen den Schrecken der damaligen Staaten, den Kaiser aller Franzosen Napoleon, vorbereiten. Napoleon siegt zu dieser Zeit in Schlacht um Schlacht. 1809 erobert er Wien. Im Lauf seines Lebens erleidet Napoleon nur wenige Niederlagen, die erste gegen den österreichischen Erzherzog Karl am 22. Mai in der **Schlacht bei Aspern**, die den Krieg aber genauso wenig zu Gunsten Österreichs wenden kann wie der heldenhafte Tiroler Abwehrkampf. In Tirol, das die mit Frankreich verbündeten Bayern 1809 besetzen, wehrt sich das Volk verbissen für seinen Kaiser. Letztlich stehen die Rebellen rund um Andreas Hofer auf verlorenem Posten. Hofer flieht auf die Pfandleralm, wird von Franz Raffl verraten und am 28. Jänner 1810 auf persönlichen Befehl Napoleons in Mantua erschossen. An ihn erinnert das »**Hofer-Lied**« bis heute.

Die entscheidende Niederlage fügt Napoleon kein Mensch zu; es ist der Winter während seines Feldzugs gegen Russland, der hunderttausende seiner Soldaten den Kältetod sterben lässt. Solcherart geschwächt muss sich Napoleons Armee am 21. März dem Österreicher Karl von Schwarzenberg bei Paris geschlagen geben. Napoleon wird gemeinsam mit seiner

Frau Marie-Louise, der Tochter des österreichischen Kaisers, auf die Mittelmeerinsel Elba verbannt.

In Wien organisiert Staatskanzler Clemens Fürst Metternich ab dem 18. September 1814 den »Wiener Kongress«. Dort beraten die Adeligen Europas, wie sie den Kontinent nach Napoleon unter sich aufteilen können. Die Fürsten tanzen aber mehr als zu tagen. Kurz taucht nochmals das Schreckgespenst Napoleon auf, der von Elba aus erneut in den Krieg zieht, am 18. Juni 1815 bei **Waterloo** aber endgültig besiegt wird. Aufgerüttelt einigen sich die Fürsten nun rasch und unterzeichnen am 26. September die »**Heilige Allianz**«, die Europa für die nächsten Jahrzehnte fix aufteilt. Die nun folgende Zeit der Ruhe nennt man **Biedermeier***.

Der Schein aber trügt. Der Glanz der Bürgersalons überdeckt nur bis 1848 die Unzufriedenheit der Hunderttausenden von Armen Österreichs. Der Kaiser lässt zu wenig Mitbestimmung zu. Als im Februar 1848 die Bürger Frankreichs revoltieren, fordern die Österreicher, dass endlich jeder in der Zeitung schreiben darf, was er will. Das war bislang von Fürst Metternich verboten. Am 13. März 1848 kommt es zum Gefecht zwischen kaiserlichen Soldaten und der wütenden Menge. **Metternich** flieht nach London, der Kaiser nach Innsbruck. Am 22. Juli versammeln sich Bürger aus ganz Österreich unter der Leitung von Erzherzog Johann*, um neue Gesetze zu beschließen. Zwar setzen sie durch, dass künftig die Bauern in Österreich auch ohne Zustimmung der Adeligen umziehen dürfen, weil aber die Versammlung gleichzeitig die Löhne der Arbeiter kürzt, kommt es erneut zum Aufstand. Diesmal, im Oktober 1848, siegen die kaiserlichen Truppen, bringen 2000 Bürger um und setzen am Ende den regierenden Kaiser Ferdinand I. zu Gunsten seines Neffen, des 18-jährigen Franz Joseph I. ab. Dieser wird mit einer Herrschaft von 68 Jahren einer der am längsten regierenden Kaiser aller Zeiten sein.

Franz Joseph ist beim Volk beliebt, und das sicher nicht wegen seiner militärischen Erfolge. Denn in entscheidenden Schlachten erleidet Österreich Niederlagen – am 24. Juni 1859 in **Solferino** gegen die Italiener so blutreich, dass der zufällig anwesende Schweizer Geschäftsmann Henri Dunant als Reaktion darauf zur Hilfe von Kriegsverwundeten das »**Rote Kreuz**« gründet. Am 3. Juli 1866 verliert Franz Joseph während des Kriegs um die Vorherrschaft im deutschen Sprachraum gegen Preußen bei **Königgrätz**. Dort entscheidet, dass die

Preußen schneller schießende Gewehre besitzen und mit der Eisenbahn rascher neue Soldaten zur Schlacht bringen können. In Folge verliert Österreich den Einfluss in Deutschland völlig, muss 20 Millionen an Preußen zahlen und Venedig an Italien abtreten. Mit dem Einfluss in Deutschland geht auch der in der Heimat verloren. Denn plötzlich leben in Österreich mehr Tschechen, Böhmen und vor allem Ungarn als deutschsprachige Bürger.

So ist das Drängen der Ungarn auf mehr Macht unter Gyula Graf Andrassy am 15. März 1867 erfolgreich. Ab da ist Ungarn ein eigener Staat, nur über das Geld, die Beziehungen zu anderen Staaten und die Soldaten bestimmt Franz Joseph weiterhin. Österreich heißt ab sofort Österreich-Ungarn, und alles, was den beiden Staaten gemeinsam gehört, wird mit **k.u.k.** (kaiserlich – vom österreichischen Kaiser und königlich – von der ungarischen Königswürde her) abgekürzt, alles, was Österreichisch ist, mit »**k.k.**« (= kaiserlich-königlich). Diesen Vertrag nennt man »**Ausgleich**« – und er soll maßgeblich von Kaiserin Elisabeth bewirkt worden sein.

Sisi, wie die Österreicher sie nennen, kann sich als lebenslustige Bayerntochter kaum an die Regeln des Wiener Hofs und dessen Spanisches Hofzeremoniell gewöhnen. Da hilft es auch wenig, dass Franz Joseph am 1. Mai 1865 seiner Kaiserin ein verschönertes Wien präsentiert. Statt der alten Stadtmauer ist die Ringstraße entstanden. Die Staatsoper, das Rathaus, die Universität und das Burgtheater säumen die vier Kilometer im Zentrum Wiens. Und so wie heute Promis zu Festen gehen, um in den »Seitenblicken« noch berühmter zu werden, spazieren damals Wiener auf der Ringstraße, um bei anderen Wienern Eindruck zu schinden. Auch das neue Burgtheater ist ein

Ort zum »Sehen und gesehen werden«. Dort führt man die Theaterstücke berühmter Österreicher auf, zum Beispiel Franz Grillparzers »Die Ahnfrau« oder Ferdinand Raimunds »Verschwender«, nicht allerdings die von Johann Nepomuk Nestroy. Zwar sind alle diese Werke im 19. Jahrhundert entstanden, aber gerade die von Nestroy – wie etwa »Der Talisman« oder »Freiheit in Krähwinkel« – kritisieren den Kaiser und die Adeligen heftig. Kaiserin Sisi nimmt das alles aber nicht mehr wahr. Nach dem Selbstmord ihres einzigen Sohnes, des Kronprinzen Rudolf, und seiner Geliebten Mary Vetsera am 30. Jänner 1889 in **Mayerling**, entfremdet sie sich ihrem Mann Franz Joseph endgültig und verzichtet auf ihr Leben in Wien. Stattdessen bereist sie Europa, vorzugsweise ihre Villa auf der griechischen Insel Korfu. Am 10. September 1898 wird Sisi in Genf von Luigi Lucheni erstochen. Ganz Österreich trauert.

Grund zum Feiern gibt es erst wieder 1905. Da erhält Bertha von Suttner als erste Frau den **»Friedensnobelpreis«** für ihre Bemühungen gegen den Krieg. In ihrem Buch »Die Waffen nieder«, das denselben Titel wie das ihr zu Ehren von Franz von Suppé komponierte Lied hat, beschreibt sie zum Beispiel die schrecklichen Auswirkungen von Kriegen. Das Geld für ihre Arbeit bekommt sie übrigens ausgerechnet vom Erfinder des Dynamits, vom Schweden Alfred Nobel, der auch den nach ihm benannten Preis stiftet. Doch all die Bemühungen um Frieden nützen wenig. Europa steht 1905 am Vorabend des Ersten Weltkriegs.

Wichtige Wörter zur Zeit

Biedermeier

So nennt man die Zeit von 1815–1848. Geprägt ist sie von der Lust der Bürger auf Ruhe und Schönheit, an die vielen Armen will man nicht denken. Kanzler Metternich lässt mit Hilfe seiner Geheimpolizei alles, was auffällt, überwachen: Die Universitäten, die Kaffeehäuser, die Salons. In diesen Wohnzimmern der Reichen trifft man sich mit Künstlern zum Kaffee oder Tee. Berühmt ist der Salon der Fanny von Arnstein, in dem sie 1814 den ersten Weihnachtsbaum Österreichs aufstellt. Die Maler Ferdinand Waldmüller, Moritz von Schwind oder Rudolf von Alt porträtieren friedliche Männer und Frauen in schöner Landschaft. Franz Schubert komponiert Klavierlieder wie »Die Forelle« oder »Der Lindenbaum«. Johann Strauß verzückt mit dem »Radetzkymarsch« und seinen Walzern, zu denen Wiener in Cafés und Ballhäusern tanzen. Berühmter als er wird nur sein gleichnamiger Sohn. Johann Strauß der Jüngere debütiert am 15. Oktober 1844 im Wiener Café Dommayer. Sein »Donauwalzer« von 1867 ist so beliebt, dass Strauß noch 1876 zu einer Amerikatournee eingeladen wird und dort 20 000 Sänger vor über 100 000 Zuschauern dirigiert.

Secession

1897 vereinigen sich bedeutende österreichische Künstler zur »Secession« (vom lateinischen Wort für Trennung). Ihr Motto: Der Zeit ihre Kunst, der Kunst ihre Freiheit. 19 Künstler, darunter Egon Schiele, Oskar Kokoschka und Gustav Klimt, wollen so malen, wie sie wollen – und nicht so, wie es seit

Jahrhunderten üblich ist. Damals ein Skandal. Heute sind alle drei weltberühmt.

Im zeitlichen Umfeld kommt es zu anderen folgenschweren Ereignissen. Im April 1896 holt Paul Neumann die erste olympische Medaille für Österreich – sein Wettbewerb: Schwimmen. Am 3. April 1897 stirbt der weltberühmte Komponist Johannes Brahms, am 30. Juni 1898 folgt ihm Siegfried Marcus, der das österreichische Erfinderschicksal (Marcus baut das erste Auto der Welt) mit Josef Madersperger, dem Entwickler der ersten Nähmaschine, teilt. Beide erfinden etwas für heute unnachahmlich Wichtiges, ihre Zeitgenossen erkennen das nicht – und so sterben beide, ohne an ihrer Erfindung Geld zu verdienen.

Da geht es zwei anderen Österreichern besser. Sigmund Freud, der im Dezember 1899 seine »Traumdeutung« veröffentlicht und die Psychoanalyse* *(→ 1905–1915)* begründet, oder Gustav Davis, der am 2. Jänner 1900 die Kronen Zeitung erstmals veröffentlicht. Die heißt deswegen so, weil am Tag zuvor eine neue Währung in Österreich eingeführt wird: die Krone, für die man die Zeitung einen ganzen Monat lang beziehen kann.

Industrialisierung

Seit 1816 gibt es immer mehr und bessere Dampfmaschinen in Österreich. Und die Eisenbahn fährt am 1. August 1832 weltweit das erste Mal – übrigens von Linz nach Budweis. Ideale Voraussetzungen für die »Industrialisierung«, wie man die Zeit nennt, in der Fabriken entstehen und immer mehr Menschen statt als Bauern als Fabriksarbeiter zu werken beginnen. Als 1848 auch noch Gesetz wird, dass Bauern nicht mehr gratis für Adelige arbeiten müssen und diese zum Ausgleich Hunderte Millionen Gulden erhalten, die sie in Industrie und Banken anlegen und vermehren wollen, kennt der Fabriksbau in Österreich keine Grenzen mehr. Zusätzlich zur weltweit ersten Würfelzuckerfabrik 1842, der ersten Schwechater Bierbrauerei 1836 und der Möbelfabrik von Gustav Thonet 1838 werden nun die Hutfabrik von Wels, die Hämmerlewerke in Vorarlberg und die erste Safefabrik der Erde von Wertheim in Krems gebaut.

Interessanteste Frauen der Zeit

Ida Pfeiffer, *14. Oktober 1797–27. Oktober 1858,* erste Weltreisende der Erde

Ida Pfeiffer ist die erste voll emanzipierte Frau der Erde. Ihren Mann heiratet sie mit 23, lässt ihn aber nach der Geburt ihrer Kinder sitzen. Als diese erwachsen sind, spielt sie nicht rührselige Oma, sondern schnürt ihren Reisesack und fährt nach Ägypten. Danach folgen Skandinavien, Madagaskar und zwei Weltreisen. Darüber schreibt sie Bücher, aus deren Erlös sie das nächste Abenteuer finanziert.

Zwei Gegenden betritt sie allerdings mit Sicherheit nie, weil sie erst nach ihrem Tod von Österreichern entdeckt werden: das von Entdecker Julius von Payer nach dem Kaiser benannte »Franz-Josef-Land« im Eismeer und den 1887 in Kenia entdeckten und nach dem Kronprinzen benannten Rudolfsee. Dafür soll Ida Pfeiffer eine leidenschaftliche Bahnfahrerin gewesen sein, sodass sie vermutlich auch die erste Gebirgsbahn der Erde bestiegen hat: die von Karl Ritter von Ghega am 17. Juli 1854 fertig errichtete Semmeringbahn.

Marie von Ebner-Eschenbach, *13. September 1830–12. März 1916,* bedeutendste Schriftstellerin des »Realismus«, der sich der Schilderung des Lebens der Armen verpflichtet. Berühmteste Erzählung: »Krambambuli«.

Adelheid Popp, *11. Februar 1869–7. März 1939,* führende Kämpferin für die Gleichberechtigung der Frau, Mitbegründerin der »Arbeiterzeitung« im Jahr 1892

INTERESSANTESTE MÄNNER DER ZEIT

Erzherzog Johann, *20. Jänner 1782–10. Mai 1859*
Zwei große Lieben kennt sein Leben. Einerseits die Steiermark, in der er die Universität für Bergleute gründet, über die er Bücher schreiben lässt und in der er musterhafte Bauernhöfe baut. Hier gründet Erzherzog Johann auch ein Museum, das Joanneum, das allen Menschen offen steht. Andere Adelige lassen nur Fürsten in ihre Stiftungen. Nur einmal verlässt Johann die Steiermark: Als 1848 in ganz Europa die Revolution ausbricht, wollen ihn die Deutschen in Frankfurt zum Herrscher wählen. Pläne, die mit dem Aus für die Revolution enden. Die zweite große Liebe seines Lebens heißt Anna Plochl. Weil sie Tochter eines Postmeisters ist, muss Erzherzog Johann den Kaiser um Erlaubnis für die Heirat fragen. Denn Adelige dürfen nur Adelige heiraten – ein »ungeschriebenes Gesetz«, das später Kronprinz Rudolf und seine nicht-adelige Geliebte Mary Vetsera in den Tod treiben wird. Am 4. April 1823 erlaubt Kaiser Franz I. seinem Bruder Johann die Hochzeit; die erste eines Habsburgers mit einer Bürgerlichen!

Ignaz Semmelweis, *1. Juli 1818–13. August 1865,* Arzt
Er entdeckt, dass Ärzte sich die Hände waschen müssen, wenn sie Frauen bei der Geburt helfen – sonst sterben Kinder und Frauen mit großer Wahrscheinlichkeit am »Kindbettfieber«. Andere Ärzte, die »die Wiener medizinische Schule« zu dieser Zeit berühmt machen, sind Theodor Meynert, der die Lehre von den Geisteskrankheiten begründet, und der Erfinder des Eingipsens von gebrochenen Knochen, Adolf Lorenz. Zu seinen Lebzeiten glaubt niemand an Semmelweis' Ideen. Er landet im Irrenhaus und stirbt an Blutvergiftung – weil sich der Doktor, der ihn wegen einer kleinen Schnittwunde verarztet, vor der Behandlung nicht die Hände wäscht.

Joseph Mohr, *11. Dezember 1792–4. Dezember 1848*
Oberndorfer Hilfsgeistlicher; komponiert zu Weihnachten 1818 »Stille Nacht, heilige Nacht«

1905–1915: Marianne und Karl

Am 1. Dezember 1906 verabschiedet das Abgeordnetenhaus Österreich-Ungarns ein bedeutendes Gesetz: das **allgemeine Wahlrecht**. Ab da darf jeder Mann, der älter ist als 23 Jahre, für die Partei seiner Wahl stimmen. Frauen sind ausgeschlossen. Bis dahin haben die Stimmen der Adeligen und Reichen weit mehr gezählt. Prompt verschieben sich bei der ersten freien Wahl vom 14. bis 24. Mai 1907 die Machtverhältnisse. Die »**Sozialdemokratische Arbeiterpartei**«, die am 30. Dezember 1888 von Victor Adler und Karl Kautsky in Hainfeld gegründet worden ist, bekommt 87 Sitze. Die **Christlich-Sozialen**, die Vorgänger der ÖVP von heute, 96. Die **Nationalliberalen**, die sich für alles, was Deutsch ist, stark machen und deshalb mit Blau die Farbe der Lieblingsblume des Deutschen Kaisers als ihre Parteifarbe nehmen, immerhin 17. Mit den ersten freien Wahlen erfüllt Kaiser Franz Joseph einen heftigen Wunsch der vielen Armen und Arbeiter Österreichs. Und die sind mit über 80% die Mehrheit der 53 Millionen Einwohner in seinem Reich. Nirgendwo in Europa gibt es etwa so viele Diener und Dienstmädchen wie in Österreich-Ungarn. Stets brauchen die neuen Fabriken neue Arbeitskräfte, weswegen viele von ärmeren Provinzen Österreichs, aus Mähren, Böhmen oder Schlesien, ins heutige Staatsgebiet wandern. 1910 kommt jeder vierte Wiener aus der Provinz. Deswegen haben heute noch viele Ostösterreicher **tschechische Namen** wie Broukal (tschechisch für »Käfer«) oder Prohaska (»Spaziergänger«). Die Löhne der Arbeiter sind hier bis zu drei Mal so hoch wie im übrigen Reich, bedeuten aber bloß – gerechnet für heute – 270 Euro im Monat. Dabei kostet eine Wohnung in Wien schon 100 Euro, ein Liter Milch 30 Cent, eine Semmel 8 Cent. Eine Schneiderin, die weit weniger als ein Arbeiter verdient, kann sich pro Tag bestenfalls einen halben Liter Milch und zwei Semmeln leisten. Am 17. September 1911 kommt es zu Demonstrationen der hungernden Menschen, weil Brot teurer wird. Weil die kaiserlichen »Deutschmeister« die Demonstranten angreifen, kommt es zu Toten und Verletzten.

Während die Armen so ums tägliche Überleben kämpfen, gönnen sich die Bürger und Adeligen das »**Silberne Zeitalter der Operette**«, wie Musikliebhaber diese Ära nennen. Man trällert die Melodien der »Lustigen Witwe« von Franz Lehar, oder der »Dollarprinzessin« von Leo Fall. Man fährt Auto, zum Beispiel einen neuen Daimler (heute: Mercedes), und seit kurzem gibt es sogar so viele Wagen, dass am 7. Jänner 1906 das Autokennzeichen eingeführt wird. Oder man tanzt Walzer und besucht Vorstellungen im 1907 gegründeten Kabarett »Fledermaus« oder von Buffalo Bill, einem Cowboydarsteller, der am 2. Mai 1906 in Wien gastiert. In Vorarlberg fährt man Ski, in Wien gibt es 150 Kinos. Dort werden die Werke von Alexander Kolowrat Krakowsky gespielt, dem Begründer des österreichischen Spielfilms und Entdecker des späteren Weltstars Marlene Dietrich.

Die Spannungen zwischen den Bürgern, die sich vieles gönnen können, und den Arbeitern sind nicht die einzigen in Österreich-Ungarn. Denn hier leben viele verschiedene Völker, die mitbestimmen wollen. Kaiser Franz Joseph will davon nichts wissen und fügt mit militärischen Mitteln ein freies Land, Bosnien-Herzegowina, am 5. Oktober 1908 seinem Reich hinzu. Vor allem Serbien protestiert. 1914, am 28. Juni, führt das letztlich zum Ende des Kaisertums in Österreich. **Gavrilo Princip** erschießt aus Protest gegen den Kaiser dessen Neffen Franz Ferdinand sowie dessen Frau Sophie in der bosnischen Hauptstadt **Sarajevo**. Weil Princip ein Serbe ist, will Österreich daraufhin eigene Polizisten nach Serbien schicken, um die Hintergründe des Attentats zu untersuchen. Serbien lehnt ab – und Österreich-Ungarn erklärt daraufhin Serbien am 28. Juli 1914 den Krieg.

In den folgenden Tagen kommt es zu zahlreichen weiteren Kriegserklärungen. Auf der einen Seite stehen als größte Staaten das Deutsche Reich, Österreich-Ungarn und die Türkei (damals: das Osmanische Reich), auf der anderen Seite bilden neben Serbien Russland, Frankreich und Großbritannien die so genannte »**Entente**«. Die Kriegsbegeisterung der Österreicher ist groß: »Serbien muss sterbien« dichten die Zeitungen. Oder: »Jeder Stoß ein Franzos'« und »Jeder Tritt ein Brit'«.

Der Verbündete Deutschland erobert in wenigen Wochen fast ganz Belgien. Am 21. August 1914 schlagen bei Jaroslawice österreichische und russische Reiter die »**letzte Reiterschlacht**« der Geschichte. Obwohl zehn Mal schwächer, halten die Österreicher bei hohen Verlusten ein Unentschieden. Doch Reiter haben ausgedient. Gegen Kanonen und die ersten Panzer oder Flugzeuge haben sie keine Chance. 1915, im zweiten Kriegsjahr, kommt es im Westen zum Stillstand. Deutsche und Franzosen stehen einander an der nach einem französischen Ort »**Verdun-Linie**« benannten Front gegenüber. Am 22. April 1915 sterben 100 000 Soldaten beider Seiten an Giftgas. Dabei kommt niemand auch nur einen Meter weiter. Im Osten, wo vor allem Österreich kämpft, gibt es 1915 bescheidene Erfolge gegen Russland und Serbien. Im Süden erklärt Italien, das bis dahin österreichfreundlich und neutral war, Österreich-Ungarn den Krieg. Hoch in den Alpen und am Grenzfluss, dem **Isonzo**, kommt es bis zum Kriegsende zu insgesamt zwölf grausamen Schlachten, während derer beide Kriegsparteien versuchen den Fluss zu überschreiten. 1915 glauben die Menschen in Österreich noch – und das, obwohl zum Beispiel die Tschechen am 14. November beschließen, so bald wie möglich einen eigenen Staat zu gründen –, dass sie für das Kaiserreich Österreich-Ungarn den Krieg gewinnen können – und dass Krieg etwas Gutes ist. Das Ende wird schrecklich sein.

Wichtige Wörter zur Zeit

Imperialismus

Der »Imperialismus« bedeutet nach dem lateinischen Wort für »Reich«, dass jedes Reich sein Herrschaftsgebiet ausdehnen will. Frankreich erobert zum Beispiel halb Afrika, England besitzt unter anderem Indien, Kanada und Australien. Österreich gilt als europäisch-imperialistisch, weil der Kaiser neben seiner Heimat Österreich unter anderem Ungarn, Slowenien, die Slowakei, Kroatien, Tschechien und Teile Polens besitzt. Im Gegensatz dazu steht die Idee des »Nationalismus«. Diese besagt, dass alle Menschen gleicher Sprache und Kultur in einem eigenen Staat leben sollen. Besondere Formen dieses Nationalismus sind der »Zionismus«, eine Bewegung, die vom österreichischen Journalisten Theodor Herzl gegründet wird und einen eigenen Staat für alle Juden fordert, sowie der »Panslawismus«, die Politik Russlands, die besagt, dass alle slawischen Völker unter Russlands Führung zusammenhelfen sollen.

Psychoanalyse

Diese »Zerlegung der Seele«, wie die Übersetzung aus dem Griechischen heißt, wird 1899 vom Wiener Arzt Sigmund Freud mit seinem Buch »Traumdeutung« begründet. Freud meint, dass jeder von uns in seinem Kopf drei Zustände kennt – das Über-Ich (was wir uns befehlen), das Ich (was wir denken) und das Es (was wir aus dem Bauch heraus wollen). Außerdem sollen wir alle von unseren Erlebnissen, die wir als Kinder haben, auch im Erwachsenenleben bestimmt sein. Vor dem Ersten Weltkrieg werden seine Ideen berühmt, viele Wiener und Wienerinnen wollen sich von ihm gesund machen lassen. Weil Freud während seiner Behandlungen mit Frauen über Sex spricht, glauben viele Zeitgenossen, dass er nichts Gutes im Sinn hat und Unsinn redet. Heute gilt er neben seinen Schülern, zum Beispiel Alfred Adler, zu den bedeutendsten österreichischen Wissenschaftern aller Zeiten.

Jugendstil

So nennt man die »Belle Époque« oder »Nouveau Art« in Österreich. Bei dieser Kunstrichtung will man vieles schmücken. Häufig verziert man Häuser mit Blumen oder Köpfen aus Stein, mit geschwungenen Linien und Statuen. Der Stil von Otto Wagner oder Joseph Olbrich ist sehr beliebt. Deswegen kommt es, als der heute gerühmte Architekt Adolf Loos 1911 am Wiener Michaelerplatz ein Haus ganz ohne Verzierung errichtet, zum Skandal. Im Kunstgewerbe nennt man den Jugendstil auch »Art déco«. In Österreich schließen sich die Künstler zur »Wiener Werkstätte« zusammen und gestalten verzierte Möbel und Vasen, die vor allem praktisch sein sollen. Diese neue Kunst ist von den Schöpfern für »das Volk« gedacht; dieses ist aber zu arm, um sich die Werke der Künstler leisten zu können.

Interessanteste Frauen der Zeit

Marianne Hainisch, *25. März 1839–5. Mai 1936,* Aktivistin der österreichischen Frauenbewegung und Politikerin
1870 fordert sie, dass auch Mädchen ins Gymnasium gehen dürfen. 1902 gründet sie den Bund österreichischer Frauenvereine und betreibt heftig Politik für das Wahlrecht der Frauen, das erst 1919 verwirklicht werden wird. 1924 ist sie an der Einführung des Muttertages beteiligt. Dabei hilft ihr, dass ihr Sohn Michael damals als erster vom Volk gewählter Bundespräsident regiert.

Elisa Richter, *1865–23. Juni 1943,* erste österreichische Dozentin und Universitätsprofessorin

Katharina Schratt, *11. September 1853–17. April 1940*, Schauspielerin
Geliebte von Kaiser Franz Joseph, seit 1886 sogar mit Einverständnis von Kaiserin Elisabeth; buk ihm zuliebe immer Gugelhupf.

Interessanteste Männer der Zeit

Karl Lueger, *24. Oktober 1844–10. März 1910*, dreizehn Jahre Bürgermeister Wiens
Während seiner Amtszeit organisiert er die Elektrizitäts- und Gaswerke für Wien, lässt die ersten Straßenbahnen fahren und Wien mit Gebirgswasser versorgen. Sein Lieblingsarchitekt Otto Wagner errichtet die Postsparkasse und die Stadtbahnbögen, die noch heute stehen. Lueger, von den Wienern »Der schöne Karl« genannt, wird auch als Feind der Sozialdemokraten und der Juden bekannt.

Arthur Schnitzler, *15. Mai. 1862–21. Oktober 1931*, skandalumwitterter Schriftsteller
1901 verfasst er den »Reigen«, ein Stück, bei dem es auch um Sex geht – weswegen der Kaiser ihm seinen Offizierstitel aberkennt. Er schreibt als Erster »innere Monologe«, in denen ausschließlich Gedanken eines Menschen beschrieben werden.

Arnold Schönberg, *13. September 1874–13. Juli. 1951*, Komponist
Begründer der »Zwölftonmusik«. Diese klingt für unsere Oh-

ren etwas ungewöhnlich – weswegen es bei seinem Konzert vom 31. März 1913 zu Brüllorgien und Ohrfeigen kommt. Heute gilt er als einer der größten Komponisten Österreichs.

1915–1925: THERESE UND IGNAZ

Als Kaiser Franz Joseph am 21. November 1916 stirbt, folgt ihm Karl I., der **letzte Kaiser Österreichs**, nach. Damals urteilt man kritisch: Er »ist dreißig Jahre alt, sieht aus wie 20 und denkt wie ein Zehnjähriger«, sagt Ministerpräsident Ernst von Körber. Obwohl 1917 in Folge der Russischen Revolution der Kriegsgegner im Osten wegfällt und Österreich-Ungarn nun gemeinsam mit Deutschland »nur noch« im Süden und Westen kämpft, ist der Krieg verloren. Die Gegner bringen mit den USA seit 1917 mehr Soldaten, mehr Verpflegung und mehr Kriegsmaschinen ins Feld. Im Jänner 1918 streiken die Menschen, weil sie nichts zu essen haben. In ganz Österreich werden nur noch halb so viele Nahrungsmittel wie vor dem Krieg geerntet, das Geld ist nur noch ein Tausendstel von früher wert. Am 2. November 1918 schließt Österreich Waffenstillstand mit den Kriegsgegnern und am 11. November 1918 verzichtet Karl I. auf den Thron. Nie wieder soll ein Habsburger Österreich regieren.

Die **Bilanz des Weltkriegs** ist schrecklich. Von insgesamt 7,8 Millionen Toten stammt jeder sechste aus Österreich-Ungarn, dazu kommen über 3,6 Millionen Verwundete. Am 12. November 1918 um 15.55 wird die **Gründung der Republik verkündet**. Am 16. Februar 1919 gibt es die ersten Wahlen, bei denen **Frauen** mit abstimmen dürfen. Ergebnis: Ab 14. März regiert Karl Renner als erster frei gewählter Kanzler Österreichs.

Dabei war damals nicht klar, was alles zu Österreich gehört. In Kärnten gibt es Probleme mit dem Königreich »Jugoslawien«. Bei einer **Volksabstimmung** am 10. Oktober 1920 bekennen sich die deutsch- und slowenischsprachigen Kärntner zum Verbleib bei Österreich. Die Vorarlberger wollen zur Schweiz. Die Tiroler wollen zuerst einen eigenen Staat gründen und stimmen später wie die Salzburger auch für einen Anschluss an Deutschland. Am Ende einigt man sich auf eine neue Verfassung, auf einen neuen Namen (**Republik Österreich** statt Deutschösterreich) und auf neue Staatssymbole. Die rot-weiß-rote **Fahne** gilt für unsere Heimat seit damals genauso wie das **Wappen**, das einen einköpfigen Adler mit einer Krone (für die Bürger), einem Hammer (für die Arbeiter), einer Sichel (für die Bauern) und zerbrochenen Ketten (für die Befreiung von den Habsburgern) abbildet.

Kaiser Karl I. versucht indes alles für die Habsburger zurückzugewinnen. Noch am 16. Oktober 1918 behauptet er, dass er seinen Verzicht auf den Thron nicht ernst gemeint habe und eigentlich noch Kaiser sei. Die Regierung verweist ihn daraufhin des Landes und sieht sich seither als Eigentümerin allen Besitzes des Kaisers. Andere Adelige kommen besser weg. Zwar dürfen sie das Wort »von« nicht mehr im Namen führen, aber ihre Reichtümer lässt man ihnen. Deswegen besitzen die meisten adeligen Familien, wie die Mayr-Melnhofs und Liechtensteins in der Steiermark oder die Esterházys im Burgenland heute ungefähr genauso viel wie damals. Kaiser Karl, der nunmehr Besitzlose, versucht drei Jahre später nochmals, wieder Kaiser zu werden. Mit einigen hundert Soldaten reist er am 20. Oktober 1921 per Zug nach Budapest, um es zu besetzen. Der ungarische Befehlshaber Horthy lässt den Zug bei Budaörs stoppen. Karl ficht die letzte Schlacht eines Habsburgers, erklärt sie angesichts von vier toten Soldaten nach einigen Minuten für verloren und lässt sich verhaften. Er wird samt seiner mitgereisten Frau Zita zur Insel Madeira gebracht, wo er in einem kleinen Schloss am 1. April 1922 stirbt. 82 Jahre später wird **Karl** vom Papst **selig** gesprochen, weil er als Toter noch Wunder gewirkt haben soll.

Österreich hat indessen andere Sorgen. 1919 zählt man über 186 000 Arbeitslose, dazu kommen allein in Wien über 39 000 Flüchtlinge. Die Regierung von Sozialdemokraten und Christlichsozialen (entspricht einer SPÖ/ÖVP-Regierung) unter Karl Renner beschließt nun Maßnahmen für die Arbeiter, darunter das Verbot der Kinderarbeit, das Recht, einen Betriebsrat zu wählen, und das Gesetz, dass ein Arbeitstag nur noch acht Stunden dauert, was im Wesentlichen bis heute gilt.

Aber am 11. Juni 1920 zerstreiten sich Sozialdemokraten und Christlichsoziale, weil sie unterschiedliche Ansichten über das Bundesheer haben. Es kommt zu Neuwahlen und ab dem 22. Oktober 1920 – bis zum Anschluss Österreichs an Deutschland (→ *1935–1945*) – zu einer Koalition von Christlichsozialen und Großdeutschen. Das entspricht einer heutigen ÖVP/FPÖ-Regierung. Diese hat von Beginn an gewaltige Probleme. Haben noch zu Kriegsende Gastwirte und Kaufleute eigenes Geld gedruckt, weil es keine Münzen gab, gibt es jetzt zwar genug Geld, aber das ist nichts mehr wert. Kostet ein Laib Brot 1914 noch eine halbe Krone, wie Österreichs Währung damals heißt, so kostet er 1922 bereits 6500 Kronen. Das ist ungefähr so, wie wenn du heute für eine Semmel 3500 Euro zahlen müsstest.

Am 31. Mai 1922 wird ein Mann Kanzler, der den Österreichern große Opfer abverlangt, um dieser Geldentwertung ein Ende zu setzen. **Ignaz Seipel**, ein Priester, erhandelt sich vom **Völkerbund**, wie die heutige UNO *(→ 1946–1955)* damals heißt, einen

Kredit von 650 Millionen in Gold. Mehrere Versprechen muss er dem Völkerbund dafür geben. Außerdem müssen 100000 der 276000 Beamten entlassen werden. Tatsächlich hat Österreich damals so viele Beamte, wie für das ganze Kaiserreich nötig waren, und die kosten Geld, müssen aber nur noch ein viel kleineres Land verwalten. Titel wie »Hofrat« *(→ 1705–1805)* bleiben zwar erhalten, aber die Zahl der Beamten sinkt dramatisch. Wegen dieser Entlassungen – und wegen der Einführung der neuen Umsatzsteuer – nennt man Seipel auch »Prälat ohne Milde«. Da kann auch seine glanzvolle Rede vom 1. Oktober 1924 wenig ändern, obwohl sie das Erste ist, was in Österreich im Radio zu hören ist. Denn seither gibt es in unserer Heimat die **RAVAG**, die »Radio Verkehrs Aktiengesellschaft«, wie der ORF damals heißt. 1924 besitzen nur 93000 Menschen ein Radio. Und kaufen können die Österreicher dieses neue Gerät ab dem 1. März 1925 mit einer neuen Währung. Der Schilling, der damals 10000 Kronen wert ist, bleibt – mit Ausnahme der Zeit von 1938 bis 1945 – bis zum Jahr 2002, also bis zum Euro, gültig. Seit dem Ende der gemeinsamen Regierung 1920 weitet sich der Streit zwischen Sozialdemokraten und Christlichsozialen immer mehr aus. Zahlreiche Verletzte sind bei Prügeleien zwischen **Heimwehr und Schutzbund*** zu beklagen. Der einzige Bürgerkrieg in Österreichs Geschichte ist nicht mehr fern.

Wichtige Wörter zur Zeit

Russische Revolution

1917 erhebt sich das russische Volk unter Lenin und Stalin gegen den dort regierenden Kaiser, den Zaren. Weil in Russland noch der alte Kalender gilt *(→ 1505–1605)*, heißt die Revolution dort Oktoberrevolution, obwohl sie nach unserem Kalender am 7. November losgeht. In Folge regieren in Russland die Kommunisten; Zar, Adelige und reiche Bauern werden umgebracht, die »Sowjetunion« entsteht und hält sich bis 1991. 1917/1918 rufen die Kommunisten aus Russland alle Arbeiter der Erde zur Revolution auf. In Deutschland und Ungarn entstehen Räteregierungen. In Österreich kommt es zu einigen Arbeiterräten in Betrieben und kleineren Demonstrationen wie die vom 12. November 1918, bei der zwei Menschen sterben.

Salzburger Festspiele

Der Badener Max Reinhardt begründet am 22. August 1920 die Salzburger Festspiele. Beim ersten »Jedermann« auf dem Domplatz treten die Schauspieler Alexander Moissi und Johanna Terwin noch gratis auf. Der Gewinn aus den Eintrittskarten kommt den Verletzten des Krieges zugute. Max Reinhardt begründet später die wichtigste Schauspielschule Österreichs, das Reinhardtseminar in Wien. Überall in der Welt – nur nicht in Österreich – wird er als genialer Regisseur gefeiert. Weil er Jude ist, regen sich die Salzburger schon zu Beginn seines Wirkens in ihrer Heimat über ihn auf. 1938 wird Reinhardt nach Amerika vertrieben, wo er 1943 stirbt.

Heimwehr und Schutzbund

Zuerst schließen sich nach dem Krieg arbeitslos gewordene Soldaten zusammen, um Österreich zu verteidigen oder um Diebstähle im Zuge der Wirren nach dem Krieg zu verhindern. Doch bald wird aus diesen überparteilichen Vereinen eine bewaffnete Schlägertruppe, die vor allem die Christlichsoziale Partei unterstützt. Geld bekommt die Heimwehr vornehmlich von steirischen Fabriksbesitzern, die auch ihre Arbeiter unter Kontrolle haben wollen. Die Sozialdemokraten gründen als Reaktion darauf den »Republikanischen Schutzbund« und rüsten seine bis zu 80000 Mitglieder mit Waffen aus. Beide Verbände kämpfen bei allen möglichen Gelegenheiten gegeneinander, zuerst mit Worten, dann mit Fäusten, schließlich mit Waffen.

Interessanteste Frauen der Zeit

Therese Schlesinger, *6. Juni 1863–5. Juni 1940,* Politikerin
Ab 1920 ist Schlesinger Abgeordnete des Parlaments für die Sozialdemokraten. Fordert als erste »Gleichen Lohn für gleiche Arbeit«, ein Anliegen von Frauen, das bis heute nicht erfüllt ist.

Herma Planck-Szabo, *22. Februar 1902–7. Mai 1986,* Eiskunstläuferin
Erste Winter-Olympiasiegerin für Österreich (1924), siebenfache Weltmeisterin im Eiskunstlauf.

Hildegard Burjan, *30. Jänner 1883–11. Juni 1933,* Politikerin
Gehört zu den Christlichsozialen und gründet die Caritas sozialis, eine Hilfsorganisation.

INTERESSANTESTE MÄNNER DER ZEIT

Hans Kelsen, *11. Oktober 1881–19. April 1973,* Schöpfer der österreichischen Verfassung
Am 1. Oktober 1920 tritt die von ihm geschriebene und seither gültige Verfassung unserer Heimat in Kraft. Der wichtigste Inhalt, unter anderen, ist: »Österreich ist eine demokratische Republik, ihr Recht geht vom Volke aus.« Kelsen erfindet außerdem den Nationalrat und den Bundesrat, die beide noch heute unser Parlament bilden.

Fritz Lang, *5. Dezember 1890–2. August 1976,* Filmregisseur
Dreht neben vielen anderen »Dr. Mabuse« (1922), »Die Nibelungen« (1924) und »M – eine Stadt jagt einen Mörder« (1931), drei bis heute weltberühmte und sehenswerte Filme.

Peter Altenberg, *9. März 1859–8. Jänner 1919,* Schriftsteller
Eigentlich heißt er Friedrich Engländer. Berühmt ist er für seine Gedichte und dass er sich in Kaffeehäusern immer wieder einladen lässt anstatt selbst zu bezahlen.

1925–1935: MARGARETE UND ENGELBERT

Die Gegensätze verschärfen sich in Österreich. Die Arbeiter und das Bundesland Wien fühlen sich den Sozialdemokraten »zugehörig«. Die Bauern, das Bundesheer und Fabriksbesitzer sowie alle anderen Bundesländer zählen zu den Christlichsozialen. Am 3. November 1926 beschließen die Sozialdemokraten unter Otto Bauer in Linz ihr neues Parteiprogramm. Diese politische Linie nennt man »**Austromarxismus**«, ist angelehnt an Karl Marx und beschreibt den Aufstand der besitzlosen Arbeiter gegen die mächtigen Fabriksbesitzer, mit dem Ziel, den Besitz dem Staat und den Arbeitern zu übergeben. Außerdem will Otto Bauer den Anschluss Österreichs an Deutschland.

Knapp vier Wochen später beschließen die Christlichsozialen unter Seipel ebenfalls ein neues Programm. Darin ist von der Wichtigkeit des Christentums, dem Kampf gegen das »zersetzende Judentum« und indirekt auch vom Ständestaat die Rede. Das bedeutet, dass – anstelle einer Wahl durch das Volk – die Gesetzgeber vom Bundespräsidenten ernannt werden. Die Regierung und nicht das Parlament soll alle Gesetze beschließen. Und: Alle Berater der Regierung kommen aus sieben unterschiedlichen »**Ständen**«, das sind Berufsgruppen wie zum Beispiel »alle Beamte« oder »alle Bauern und Förster«. Immer häufiger kommt es zu Schlägereien. Am 30. Jänner 1927 findet eine Gasthausschlägerei im burgenländischen **Schattendorf** ein blutiges Ende. Fünf Schutzbündler werden verletzt, zwei unbeteiligte Passanten von Anhängern der Christlichsozialen erschossen. Die Todesschützen werden am 14. Juli vom Gericht freigesprochen. Das empört viele Arbeiter. Tausende gehen tags darauf auf die Straße und stürmen den **Justizpalast**, der durch die Massen in Brand gesteckt wird. Die Polizei beginnt auf die Demonstranten zu schießen. Insgesamt sterben an diesem Tag 89 Menschen, über 1500 werden verletzt.

Zur politischen Krise kommt nun auch die wirtschaftliche. Der »**Schwarze Freitag**«* 1929 trägt Armut und Arbeitslosigkeit nach Österreich. Die »**Goldenen Zwanzigerjahre**« gehen schlagartig zu Ende. So nennt man die Jahre von 1924 bis 1929, weil sich die Wirtschaft in dieser Zeit erholt. Auch das Kulturleben feiert eine fröhliche Zeit. Berühmte Schriftsteller sitzen im Kaffeehaus und spielen Karten, darunter Berühmtheiten wie Anton Kuh (»Die Welt ist so, wie der kleine Max von der Straße sie sich vorstellt«), der rasende Reporter Egon Erwin Kisch (deckt mit Oberst Redl den größten Spionagefall der Monarchie auf), der Kabarettist Egon Friedell oder der Kritiker Alfred Polgar. Einer der wichtigsten Rädelsführer gegen Kunst, Kultur und Demokratie heißt Walter Pfrimer. Er ist Heimwehrführer, will die Demokratie auslöschen und sympathisiert mit den Nationalsozialisten. Am 12. September versucht Pfrimer einen **Putsch** gegen die Regierung. Er will sich zum »Führer« Österreichs ernennen und scheitert mit seinen 14000 bewaffneten Anhängern am Widerstand der Arbeiter. Bis auf Pfrimer, der nach Jugoslawien flieht, geschieht den Putschisten nichts; sogar die 70 Festgenommenen werden vom Gericht freigesprochen.

Am 20. Mai 1932 folgt der nächste Einschnitt in der Geschichte Österreichs. Engelbert Dollfuß, ein Christlichsozialer, wird Kanzler. Unter seiner Regierung hat Österreich wegen der Weltwirtschaftskrise so viele Arme wie nie zuvor. Die Zahl der unterstützten Arbeitslosen steigt von über 260000 im Februar 1929 auf 400000 im Februar 1933, dazu kommen jeweils rund 100000 Ausgesteuerte. So nennt man Personen, die nichts – nicht einmal Arbeitslosengeld – vom Staat bekommen. Am 4. März 1933 debattiert man im Nationalrat heftig. Damit die Sozialdemokraten bei der Abstimmung siegen, tritt Karl Renner als Nationalratspräsident zurück – als Präsident darf er nicht abstimmen, als »einfaches Mitglied« des Parlaments schon. Die Christlichsozialen bemerken die Absicht und auch ihr Vertreter im Nationalratspräsidium tritt zurück, um mit abstimmen zu können. Als darauf der dritte Präsident ebenfalls zurücktritt, bleibt niemand mehr, der die Sitzung leitet, und Engelbert Dollfuß beschließt, einfach **ohne Parlament** weiter zur regieren. Aus Angst vor Stimmengewinnen der Nationalsozialisten lässt er nicht neu wählen und führt den **Ständestaat** ein. Er verbietet am 8. März Aufmärsche und bestimmt, dass künftig nicht jeder in der Zeitung schreiben darf, was er will. Am 12. Februar 1934 durchsucht schließlich die Linzer Polizei ein Wohnhaus nach Gewehren. Man will so den nunmehr verbotenen Schutzbund *(→ 1915–1925)* entwaffnen. Arbeiterführer Richard Bernaschek will sich das nicht gefallen lassen und beginnt auf die Polizei zu schießen. In den nächsten drei Tagen kommt es in ganz Österreich, vor allem aber in Wien, zu Gefechten zwischen Anhängern der Sozialdemokraten und jenen von Dollfuß, die vom Bundesheer unterstützt werden. Insgesamt zählen die damaligen Behörden 314 Tote in diesem einzigen **österreichischen Bürgerkrieg**. Heute glaubt man, dass weit über 1000 Menschen sterben. Dollfuß kann sich seines Siegs im Bürgerkrieg nur kurz erfreuen. Denn am 25. Juli 1934 stürmen die Anhänger der Nationalsozialisten Radiozentrale und Bundeskanzleramt. Dort töten sie Dollfuß und werden anschließend verhaftet. Statt Dollfuß regiert nun Kurt Schuschnigg von den Christlichsozialen. Noch 1935 feiert Schuschnigg Erfolge; so werden die Straße über den Großglockner und die Wiener Höhenstraße eröffnet, am 23. Dezember 1935 lässt er über 2400 politische Gefangene, darunter über 1500 Sozialdemokraten, frei. Doch dieses kleine Zeichen der Versöhnung kommt zu spät; die großen Zeichen der Gegnerschaft bleiben bestehen – auch Schuschnigg ändert nichts am Verbot der politischen Gegner. Unversöhnlich stehen einander Christlichsoziale und Sozialdemokraten gegenüber und die Schreckensherrschaft der Nationalsozialisten beginnt heranzudämmern.

Wichtige Wörter zur Zeit

Rotes Wien

Wien ist im Gegensatz zu allen anderen Bundesländern von den Sozialdemokraten regiert, weswegen die Christlichsozialen es nach der Parteifarbe der SPÖ »Rotes Wien« nennen. Die Bürgermeister heißen Robert Reumann (bis 1923) und Karl Seitz (bis 1934). Sie versuchen vielfach, die Armen zu unterstützen: die Familien z. B. mit über 60000 neuen Gemeindebauwohnungen, darunter der Karl-Marx-Hof, der noch heute von vielen Menschen bewundert und bestaunt wird. Außerdem werden Kindergärten, Beratungsstellen und Obdachlosenheime errichtet. Mit dem Ständestaat ab März 1934 endet auch die Regierung der Sozialdemokraten, die erst nach 1945 wieder aufgenommen wird und bis heute anhält.

Wunderteam

Österreichs Fußballgeschichte, die mit der Gründung des Clubs »Vienna« 1894 ihren Anfang nimmt, erreicht um 1931 ihren ersten Höhepunkt. Das so getaufte »Wunderteam«, unter dem Trainer Hugo Meisl, besiegt am 16. Mai 1931 die Schotten, die bis dahin noch nie gegen eine Mannschaft vom Kontinent verloren hatten, 5 : 0. Es folgen insgesamt 14 Siege. Als bester Spieler des Teams gilt der Mittelstürmer der Wiener Austria, Matthias Sindelar, den man wegen seiner schlanken Figur »Der Papierene« nennt.

Schwarzer Freitag

Am Donnerstag, den 24. Oktober 1929, verlieren viele Amerikaner 90% ihres Vermögens beim Aktienhandel. Weil man in Europa bereits Freitag schreibt, heißt der Tag bei uns

»Schwarzer Freitag«. In Folge werden zuerst in den USA – und weil diese bis dahin viel Geld ins Ausland investiert haben, das sie jetzt zu Hause brauchen – und dann überall auf der Erde Millionen Menschen arbeitslos. In Österreich muss die Regierung noch 1931 mit Hilfe von zehn ausländischen Banken die größte österreichische Bank, die Creditanstalt, vor dem Konkurs retten, weil sonst das Geld in Österreich wertlos geworden wäre und damit viele Fabriken hätten schließen müssen.

INTERESSANTESTE FRAUEN DER ZEIT

Margarete Schütte-Lihotzky, *23. Jänner 1897–18. Jänner 2000,* Architektin
Studiert als erste Frau in Österreich Architektur und entwickelt 1926–1928 die »**Frankfurter Küche**«, die als weltweit erste Einbauküche gilt und bis heute nachgebaut wird. Sie ist Kommunistin und Widerstandskämpferin gegen den Nationalsozialismus, arbeitet als Schriftstellerin, engagiert sich für Frauenrechte und Frieden.

Rosa Mayreder, *30. November 1858–19. Jänner 1938*
Schriftstellerin und Frauenrechtlerin. Gründet den Allgemeinen Österreichischen Frauenverein.

Anna Sacher, *2. Jänner 1859–25. Februar 1930*
Leitet das weltberühmte Hotel Sacher nach dem Tod ihres Mannes und raucht als eine der ersten Frauen Österreichs öffentlich Zigarren.

INTERESSANTESTE MÄNNER DER ZEIT

Otto Glöckel, *8. Februar 1874–23. Juli 1935,* Politiker
»Am bedrückendsten zeigen sich die Kriegsfolgen am Kinde«, meint der Lehrer und Politiker Otto Glöckel 1918. Er fordert kostenlose Schulmilch für Kinder, gibt ihnen die Schulbücher gratis und legt Wert darauf, dass Schüler spielend lernen.

Karl Kraus, *28. April 1874–12. Juni 1936,* Sprachkünstler
Gibt ab 1911 eine Zeitung, die »Fackel« heraus. Bekanntestes Theaterstück: »Die letzten Tage der Menschheit« (1919).

Rudolf Karl Slatin, *7. Juni 1857–4. Oktober 1932,* regiert als Slatin Pascha die Provinz »Darfur« im Sudan für die Engländer. Heute ist Darfur für die Kriegsgräuel der Araber bekannt, die von der Spendenaktion »Nachbar in Not« gelindert werden sollen.

1935–1945: Paula und Kurt

Das Österreich des Kurt Schuschnigg ist zutiefst katholisch. Schüler müssen in der Schule jeden Tag beten. Beamte und Lehrer werden zum Besuch der heiligen Messe und zur Wallfahrt nach Mariazell angehalten. Politische Gegner wirft Schuschnigg ins Gefängnis. Überall weht das »**Kruckenkreuz**«, das Wahrzeichen der Austrofaschisten. 1936 schwingt die Fahne über erfolgreichen Sportlern. Josef Bradl springt als erster Skispringer weiter als 100 Meter. Bei den Olympischen Spielen von Berlin, die Hitler mit seiner Lieblingsregisseurin Leni Riefenstahl zu einer Werbeveranstaltung für Nazideutschland aufbaut, feiert Österreich so große Erfolge wie nie wieder in der Geschichte – vier Mal Gold, sechs Mal Silber, drei Mal Bronze!

Die Freude währt nur kurz, denn Hitler und seine Spießgesellen geben sich nicht mit Olympischen Spielen zufrieden. Zu den wichtigsten Männern im »**Dritten Reich**«, wie die Nazis Deutschland nennen, zählt Joseph Goebbels, der Reichspropagandaminister, der für die Werbung für die Nazis verantwortlich ist. Der drogensüchtige Hermann Göring befiehlt die Luftwaffe, Heinrich Himmler leitet die Männer der »**Schutzstaffel**«, kurz SS, die zuerst Leibwächter Hitlers sein sollten, später zu den durchtriebensten Mördern des Weltkriegs werden. Sie alle wollen das Dritte Reich vergrößern. Am 12. Februar 1938 lädt Hitler, der sich von allen »Führer« nennen und mit »Heil

Hitler« begrüßen lässt, Schuschnigg in seine Residenz auf dem bayrischen Obersalzberg ein. Hitler will, dass Schuschnigg alle Nazis aus österreichischen Gefängnissen freilässt, Hitlers Getreuer Arthur Seyß-Inquart soll Innenminister werden. Schuschnigg unterschreibt den Vertrag, weil er hofft, so den Einmarsch deutscher Truppen verhindern zu können. Wenige Tage später bedeuten ihm sowohl Otto Habsburg, der Sohn des letzten Kaisers, als auch die Vertreter der Sozialdemokraten, dass sie ihm gegen Hitler helfen würden. Schuschnigg verzichtet und setzt für den 13. März 1938 eine Volksabstimmung an. Die Österreicher sollen bestimmen, ob sie eigenständig oder lieber Teil von Hitlerdeutschland sein wollen. Hitler reagiert empört und am 12. März heben österreichische Zöllner den Grenzbalken, damit seine deutschen Panzer und Soldaten Österreich leichter besetzen können. Am 13. März erklärt Hitler in Linz den »**Anschluss**« Österreichs ans Dritte Reich. Unsere Vorfahren jubeln ihm zu. Als einziger Staat der Erde protestiert Mexiko. Vier Tage nach dem Anschluss bringen Hitlers Schergen das Gold der Oesterreichischen Nationalbank nach Deutschland, am 5. September sollen Kaiserkrone und Reichsapfel des Heiligen Römischen Reiches Deutscher Nation* *(→1005–1105)* folgen. Davor, am 10. April 1938, treiben österreichische Hitler-Anhänger die Menschen in die Wahlzellen. Mehr oder minder freiwillig sollen 99,73% aller Stimmberechtigten für den Anschluss Österreichs an Deutschland gestimmt haben. Unsere Heimat heißt ab nun **Ostmark** und ist ein Bundesland Hitlerdeutschlands. Kinder und Jugendliche müssen nun Mitglieder der »**Hitlerjugend**« und des »**Bunds Deutscher Mädchen**« werden. Umgehend werden alle Gegner Hitlers eingesperrt, vertrieben oder umgebracht. Sie bringen auch Homosexuelle, Roma, Sinti und vor allem Juden um (Antisemitismus* und Holocaust*). Wenig später besetzt Hitler Teile der Tschechoslowakei.

Am 1. September 1939 beginnt Hitler den Krieg, der später »**Der Zweite Weltkrieg**« genannt wird, um 4 Uhr 45 mit einem Angriff auf Polen. »Es wird zurückgeschossen«, lügt er im Radio. Die deutsche Armee, die »**Wehrmacht**«, feiert zuerst große Erfolge. Nicht zuletzt weil die Sowjetunion am Anfang auf Hitlers Seite steht, gelingt in »**Blitzkriegen**«, wie die schnellen Erfolge der Deutschen heißen, die Eroberung Belgiens, Hollands und Frankreichs. Sogar in der Sahara siegen deutsche Truppen unter General Erwin Rommel, zu dem seine Untergebenen deswegen »Wüstenfuchs« sagen. Nur Großbritannien widersteht dauerhaft. Im Osten kämpft Hitlers Verbündeter Japan (gemeinsam mit Italien eine »**Achsenmacht**«) ab 8. Dezember

1941 gegen die USA. Zuerst mit einem Überraschungsangriff auf den US-Militärhafen in Pearl Harbour, danach, als die USA stärker werden, mit Hilfe von »**Kamikaze**«, selbstmörderischen Piloten, die sich samt Flugzeug auf US-Schiffe zu Tode stürzen. 1941 genießt Hitler den Höhepunkt seiner Macht. Die Ostmärker sind zur gleichen Zeit stolz auf ihren Meeresforscher Hans Hass, der als Erster mit Haien taucht. Und auf den erfolgreichsten Goalgetter aller Zeiten, den Rapidler Franz »Bimbo« Binder, der am 22. Juni 1941 mit seinen Toren Rapid zum deutschen Fußballmeistertitel schießt. Am selben Tag überfällt das Dritte Reich die Sowjetunion.

Im Jahr darauf folgt die Kriegswende. In der Schlacht von Stalingrad verlieren die Deutschen über 300 000 Soldaten. Ab da geht es mit Hitlerdeutschland steil bergab. Die Menschen leiden Hunger. Die »**Alliierten**«, wie die Verbündeten Frankreich, USA, die Sowjetunion und Großbritannien heißen, fliegen täglich Bombenangriffe auf deutsches und »ostmärkisches« Gebiet. Insgesamt fallen 70 000 Tonnen Bomben auf unsere Heimat. Villach (am 16. April 1945), Linz (25. April 1945) und Wien (10. September 1944 und 12. März 1945, als der Stephansdom zu brennen beginnt) sind schwer getroffen. Wiener Neustadt wird ab 13. August 1943 fast völlig zerstört, weil die Armee hier Flugzeuge baut. Während die Sowjetunion bereits ab 1943 gegen Berlin und Wien marschiert, landen die Westmächte erst am 6. Juni 1944, dem »**D-Day**«, mit 5400 Schiffen und 170 000 Soldaten in der Normandie. Am 30. April 1945 begeht Hitler Selbstmord. Am 8. Mai folgt das Kriegsende in Europa, am 2. September, nach dem einzigen Abwurf von **Atombomben** in der Menschheitsgeschichte über **Hiroshima** und **Nagasaki**, gibt Japan auf und der Friede beginnt. In Österreich wird bis zum Ende des Krieges gekämpft. Viele Nazis glauben, dass sie sich noch lange in der »**Alpenfestung**«, also im schwer zugänglichen Hochgebirge, mit ihren Waffen verbergen können. Sogar ein Goldschatz soll für sie im **Toplitzsee** versteckt sein. Das ist wahrscheinlich ein Märchen.

Am 5. April 1945 beginnt die »**Schlacht um Wien**«, acht Tage später haben die Sowjets die Stadt eingenommen. Am 28. April erreichen US-Truppen zwischen Pfronten und Vils Tirol, einen Tag später dringen die Franzosen bei Hohenems in Vorarlberg ein, am 6. Mai die Briten in Kärnten. Auf Burg Kreuzenstein in Niederösterreich kämpfen Anhänger von Hitler noch am letzten Kriegstag in Europa, am 8. Mai. Am selben Tag geben einander sowjetische und amerikanische Truppen auf der Ennsbrücke bei Enns die Hand – Österreich ist von der Schreckensherrschaft der Nazis befreit, dafür stehen Soldaten der USA, der Sowjetunion, von England und Frankreich in unserer Heimat. Seither wollen viele Österreicher sich nicht mehr erinnern können, dass sie den Nazis treue Dienste geleistet haben. Etwa der spätere Präsident Kurt Waldheim *(→ 1985–1995)*, der bei der Eroberung des Balkans mithilft, oder sein Vorgänger Rudolf Kirchschläger, der einige Jugendliche im so genannten »Volkssturm« in den letzten Kriegstagen zum Angriff gegen russische Soldaten führen will. Später berühmte Schauspieler wie Attila Hörbiger und Paula Wessely drehen für die Nazis Filme. Karl Böhm, ein berühmter Dirigent, leitet unter den Nazis die Wiener Staatsoper. Hitlers Helfer in Österreich sind unter anderem Odilo Globocnik, der befiehlt, Hunderte tschechische Zivilisten zu erschießen, Otto Skorzeny, der in Hitlers Auftrag dem Führer der italienischen

Faschisten, Benito Mussolini, 1944 erneut zur Macht verhilft und eine SS-Truppe befehligt, sowie Ernst Kaltenbrunner, der als Chef der österreichischen SS den Tod Hunderttausender Unschuldiger zu verantworten hat.

Doch Österreich kann auch auf Helden der Zeit stolz sein. Franz Jägerstätter bezahlt seine Weigerung, für Hitler zu kämpfen, am 9. August 1943 mit dem Tod. Robert Bernardis ist am Unternehmen »**Walküre**«, dem Attentat auf Hitler vom 20. Juli 1944, beteiligt und wird nach dem Versagen des Tötungsversuchs am 8. August 1944 hingerichtet. Josef Hofer leitet den Widerstand in Oberösterreich, Carl Szokoll den in Wien. Seine Kreidezeichen am Stephansdom, **O5** für O und den fünften Buchstaben des Alphabets, E, also OE gleich Österreich, geben vielen Österreichern Hoffnung. Zu Kriegsende bewahrt er Wien vor größeren Zerstörungen. Die Tat des einen oder anderen mutigen Menschen hat mit Sicherheit das Sterben Unschuldiger verhindert. Gleichviel bleibt die Bilanz des Zweiten Weltkriegs schrecklich: Insgesamt 61 Staaten sind bis 1945 in den Krieg verwickelt. Er fordert 55 Millionen Tote, 35 Millionen Verwundete, 3 Millionen Vermisste. Den höchsten Blutzoll zahlt die Sowjetunion mit über 20 Millionen Toten, Deutschland bezahlt mit fast acht Millionen Menschenleben. Die Kriegskosten belaufen sich auf circa 1500 Milliarden Euro. Der Zweite Weltkrieg ist der letzte Krieg, in den Österreich verwickelt ist. Damit sind wir in einer unrühmlichen Liste vorne platziert: Österreich hat nach Frankreich die meisten Kriege der Geschichte geführt.

WICHTIGE WÖRTER ZUR ZEIT

Faschismus/Nationalsozialismus

Der italienische Politiker Benito Mussolini will seinen Anspruch auf die Macht auf die Herrscher der Antike beziehen und nennt seine Partei »Faschisten«. Denn im alten Rom wurden bei wichtigen Menschen Rutenbündel (auf Latein: fasces) als Zeichen der Macht vorangetragen. Kennzeichen des zuerst italienischen, dann in Europa überall aufkommenden Faschismus sind: Man verherrlicht Gewalt, sperrt seine Gegner ein oder vernichtet sie. Der Staat bestimmt Löhne und Preise, Arbeiter dürfen sich nicht wehren. Man drängt moderne Errungenschaften – wie die Gleichberechtigung der Frau – zurück. Nationalsozialismus ist eine von Hitler begründete Art von Faschismus, der allerdings noch dazu gegen moderne Kunst auftritt und die Menschen in Rassen einteilt. Der Rassismus des Nationalsozialismus war antisemitisch.

Antisemitismus

Das Wort bedeutet Gegnerschaft zu allen Menschen, die jüdischen Glaubens sind. Antisemitismus ist in der katholischen Kirche weit verbreitet gewesen, viele Priester behaupten zu Unrecht, dass Juden am Tod von Jesus schuld wären. Die Nazis aber betreiben den Raub und Mord an Juden wie eine Industrie. Ihr Besitz wird an Nichtjuden verteilt. Das nennt man »arisieren«. Erste antisemitische Gräueltaten auf österreichischem Boden geschehen während der »Reichskristallnacht« am 9. November 1938. Österreicher plündern die Wohnungen und Läden ihrer andersgläubigen Landsleute, jüdischen Beamten wird der Dienst verboten, Schüler werden aus der

Schule geworfen, manche umgebracht. Damit man Juden während der Naziherrschaft erkennen kann, müssen sie einen gelben Stern auf ihre Kleidung nähen.

Holocaust

Das Wort kommt aus dem Griechischen und bedeutet »vollständig verbrennen«. Man meint damit den Massenmord – vor allem an Juden – unter den Nazis. Die Nazimörder verbringen ihre Opfer zumeist zuerst in ein Konzentrationslager (kurz: KZ). Dort müssen sich die Gefangenen zu Tode arbeiten, viele von ihnen werden erschossen. Weil den Nazis die Munition zu teuer ist, setzen sie bald Giftgas, meistens Zyklon B, ein und vergiften ihre Opfer in Gaskammern. Berüchtigte KZ-Orte in Österreich sind Mauthausen – hier werden über 100000 Menschen ermordet – oder Ebensee. Weil einige Schwachköpfe noch heute bestreiten, dass die Nazis Juden in Gaskammern umgebracht haben, nennt man das – nach dem

polnischen KZ-Ort der meisten Morde – »**Auschwitzlüge**«. Insgesamt werden während der Naziherrschaft über sechs Millionen Juden in KZ getötet, darunter 60000 Österreicher. 1938 bilden 185028 Österreicher die jüdische Gemeinde. Nach dem Zweiten Weltkrieg sind es 5799.

Opfer des Nationalsozialismus

Manche begehen aus berechtigter Angst vor den Nazis Selbstmord, viele werden von ihnen umgebracht oder vertrieben. Eine unvollständige Auswahl der österreichischen Opfer:

1938

Egon Friedell, Schriftsteller (Selbstmord); Rudolf Beer, Regisseur (Selbstmord); Ödon von Horvath, Schriftsteller (vertrieben); Sigmund Freud, Begründer der Psychoanalyse (vertrieben); Anna Freud, Wissenschafterin (vertrieben); Anton Kuh, Schriftsteller (vertrieben); Robert Musil, Schriftsteller (vertrieben); Max Reinhardt, Regisseur *(→ 1916–1925)* (vertrieben); Alexander Roda Roda, Schriftsteller (vertrieben); Franz Werfel, Schriftsteller (vertrieben); Elias Canetti, Schriftsteller, Nobelpreisträger (vertrieben); Kurt Gödel, Mathematiker (vertrieben); Erich Fried, Schriftsteller (vertrieben)

1939

Jura Soyfer, Kabarettist (umgebracht); Johann Staud, Politiker (umgebracht); Hans Sylvester, Politiker (umgebracht)

1940

Fritz Grünbaum, Kabarettist (umgebracht); Otto Neururer, Pfarrer (umgebracht); Richard Steidle, Politiker (umgebracht)

1941

Edmund Otto Ehrenfreund, Schriftsteller und Polizist (umgebracht)

1942

Robert Danneberg, Politiker (umgebracht); Peter Hammerschlag, Schriftsteller (umgebracht); Käthe Leichter, Gewerkschafterin (umgebracht)

1943

Richard Fall, Komponist (umgebracht); Helene Kafka, Nonne (umgebracht); Elise Richter, erste Universitätsprofessorin Österreichs (umgebracht)

1944

Ernst Egger, Industrieller (umgebracht); Alfred Klahr, Politiker (umgebracht); Carl Lampert, Priester (umgebracht); Hans Przibram, Zoologe (umgebracht)

1945

Alexander Eifler, Stabschef des Schutzbundes (umgebracht); Emil Rheinhardt, Dichter (umgebracht)

1945–1955: HELENE UND LEOPOLD

Die Menschen haben nichts, weder eine Wohnung noch ausreichend zu essen. 1945 ist jede Ordnung aufgehoben und einige Menschen zeigen sich von ihrer hässlichsten Seite. Sie

plündern, zerstören, rauben und töten. In diesen Tagen entwickelt der 75-jährige Pensionist Karl Renner in seiner Gloggnitzer Wohnung seine ganze politische Energie. Der Gründer der ersten Republik kontaktiert die Sowjettruppen, die sich auf dem Marsch nach Wien befinden, und umschmeichelt seinen »geehrten Genossen« Stalin in einem langen Brief. Tatsächlich betraut Josef Stalin, der Renner einen »alten Fuchs« genannt haben soll, mit der Bildung der provisorischen Regierung. Renner trommelt die Vertreter der politischen Parteien – Sozialistische Partei Österreichs (SPÖ), Österreichische Volkspartei (ÖVP) und Kommunistische Partei Österreichs (KPÖ) – zusammen, die zwischenzeitlich in Windeseile gegründet worden sind. Alle drei Parteien bekennen sich zu Österreich und alle drei Parteien sind bereit, an einer österreichischen Regierung mitzuwirken. Mit diesem Übereinkommen im Gepäck wird am 27. April 1945, 14 Tage vor dem offiziellen Ende des Zweiten Weltkrieges, die provisorische Regierung mit Karl Renner als Staatskanzler präsentiert, die Selbstständigkeit Österreichs erklärt und die Bundesverfassung von 1920 (Hans Kelsen*, → *1915–1925*) wieder in Kraft gesetzt. Die Anerkennung der provisorischen Regierung durch die Alliierten aber lässt noch auf sich warten. Zunächst wird ganz Österreich in vier **Besatzungszonen** aufgeteilt, wobei die Briten in Kärnten (einschließlich Osttirol) und der Steiermark, die Franzosen in Vorarlberg und Tirol, die Amerikaner in Salzburg und Oberösterreich (unter der Donau) und die Sowjets im nördlichen Oberösterreich, Niederösterreich und Burgenland ihre Zelte aufschlagen und Wien auf alle vier Mächte aufgeteilt wird. Im Juni errichten die vier Besatzungsmächte den **Alliierten Rat**, der praktisch alles kontrolliert, eine Zentralverwaltung und die Voraussetzungen für freie Wahlen schaffen soll. Als Kanzler Renner den Tiroler Karl Gruber (**Südtirolfrage***, → *1955–1965*) der als Mann der Westmächte gilt, zu seinem Außenminister macht, wird die provisorische Regierung am 20. Oktober 1945 vom Alliierten Rat ganz offiziell anerkannt.

Einen Monat später finden nach 15 Jahren die ersten demokratischen Wahlen statt. Von der Wahl ausgeschlossen bleiben die Nationalsozialisten, immerhin 20% der Wahlberechtigten. Der Ausschluss ist wichtig, zeigt er doch, dass sich Österreich vom Nationalsozialismus klar distanziert. 50% der Stimmen erhält die ÖVP, 45% die SPÖ und nur 5% die KPÖ, obwohl die Mehrzahl der wenigen Widerstandskämpfer gegen Hitler Kommunisten waren. Die Menschen sehnen sich nach Normalität, es gibt wenig Nahrung und ein Übermaß an Menschen. 1945 leben eine Million fremdsprachige und 600000 deutschsprachige Flüchtlinge (man bezeichnet sie als **Displaced Persons**, kurz DPs) in Österreich. Im Sommer 1945 wanken 100000 Vertriebene aus der Tschechoslowakei nach Niederösterreich. 150000 Juden fliehen vor der Vertreibung in Osteuropa und wollen über Österreich ins damalige Palästina auswandern. Dazu kommen über 50000 Besatzungssoldaten der Alliierten. Waren zu Kriegsende noch tägliche Essensrationen von 2000 Kalorien möglich, sinkt Ende Mai 1945 dieser Wert in Wien auf 350 Kalorien täglich. Hungrig ist jeder, der keinen Bauern in seiner Verwandtschaft hat. Ausgehungert sind all jene, die in Ostösterreich leben, denn hier sind die Schäden des Krieges besonders hoch. Und doch ist es die Sowjetunion als erste Besatzungsmacht, die Wien in den ersten Monaten nach Kriegsende mit Nahrungsmitteln versorgt, obwohl die eigene Bevölkerung in Russland hungert. Geradezu legendär nimmt sich heute noch die **Weihnachtsrede** des Bundeskanzlers Leopold Figl aus, der 1945 den Überlebenskampf auf den Punkt bringt, indem er meint: »Ich kann euch zu Weihnachten nichts geben. Ich kann euch für den Christbaum, wenn ihr überhaupt einen habt, keine Kerzen geben, kein Stück Brot, keine Kohlen zum Heizen, kein Glas zum Einschneiden. Wir haben nichts. Ich kann euch nur bitten: Glaubt an dieses Österreich.«

Und das ist keine leichte Übung. Die österreichische Wirtschaft liegt am Boden. Das Ernteergebnis 1945 erreicht die

Hälfte des Jahres 1937. Es gibt zu wenig Waren und massenhaft Geld. Um die Wirtschaft in den Griff zu bekommen, müssen Waren produziert werden, der Lohn für die Arbeit niedrig bleiben und die Geldmenge reduziert werden. In dieser kritischen Zeit setzt die österreichische Politik auf möglichst große Übereinstimmung. 1945 wird eine Allparteienregierung aus ÖVP, SPÖ und KPÖ gegründet. 1949 kandidiert bei den Wahlen eine weitere Partei: Die Wahlpartei der Unabhängigen (WdU). Ihre Politik bekennt sich zum deutschen Volkstum und wendet sich an die ehemaligen Nazis und Kriegsheimkehrer, an insgesamt rund 1 Million Wahlberechtigte. Bei der Nationalratswahl bekommt sie über 11% der Wählerstimmen, an der Regierung wird sie nicht beteiligt.

Ab 1949 regieren die beiden Großparteien ÖVP und SPÖ. Sie teilen sich die politische Macht, lassen die wichtigsten Industriebetriebe in staatlichen Besitz übergehen und besetzen mit Vertrauensleuten wichtige Posten in der Wirtschaft. Das ist der Beginn der **großen Koalitionen**, die sich bis 1966 fortsetzen. Wie viel Geld man in Österreich für Arbeit oder Lebensmittel bezahlen muss, wird von Vertretern der Arbeiter und Unternehmer, dem ÖGB und der Bundeswirtschaftskammer, gemeinsam beschlossen – eine österreichische Eigenheit, die später **Sozialpartnerschaft*** *(→ 1955–1965)* genannt wird und dazu beiträgt, dass Österreich zu jenen Ländern der Welt zählt, in denen am wenigsten gestreikt wird. Trotzdem steckt Österreich in einer misslichen Lage. Jugoslawien stellt Ansprüche auf Teile Kärntens und der südlichen Steiermark, die Kosten für die Besatzung sind Schwindel erregend hoch, die Alliierten fordern ihr Recht auf **Wiedergutmachung** ein und übernehmen sämtliche Unternehmen, die sich vor dem Zweiten Weltkrieg in deutschem Besitz befanden. Die Sowjets fordern zudem alle Unternehmen, die während des Weltkrieges in deutsches Eigentum übergegangen waren. Während die westlichen Besatzungsmächte das ihnen zugesprochene deutsche Eigentum an die österreichische Verwaltung übergeben, bauen die Sowjets in den so genannten **USIA-Betrieben** eine eigene Wirtschaftsmacht mit etwa 40000 Beschäftigten auf.

Damit die Bevölkerung einigermaßen überlebt, liefern die Vereinten Nationen Lebensmittelrationen und schließlich bekommt Österreich von den USA die **Marshallplangelder**. So nennt man das Geld aus einem Plan, den der Außenminister der USA, George Marshall, schmiedet. Er meint, man müsse den armen Staaten in Westeuropa Geld schenken, mit dem sie Waren aus den USA kaufen sollen. Das würde allen nützen. Die Hälfte der Marshallplangelder wird in die Industrie gesteckt, vornehmlich in die Elektrizitätswirtschaft und in die verstaatlichte Industrie. Die österreichische Wirtschaft beginnt sich zu erholen, aber gleichzeitig wächst zwischen den Alliierten das Misstrauen. Sie rittern um ihren politischen Einfluss in der Nachkriegsordnung und spionieren einander und die Bevölkerung aus. Allein 1948 werden 300 Österreicher wegen Spionageverdacht verhaftet. Jede Besatzungsmacht hat ihre eigenen Zeitungen und Radiosendeanstalten. Es herrscht Zensur, Briefe werden geöffnet und gelesen. Über die Grenzen zwischen den einzelnen Besatzungszonen dürfen keine Waren transportiert werden und alle Österreicher müssen einen in vier Sprachen abgefassten Identitätsnachweis bei sich tragen und ihn ohne Aufforderung den Soldaten vorweisen. Ein berühmtes Foto von den vier **Besatzungssoldaten im Jeep** zeigt, wer in Österreich das Sagen hat, verstehen aber tun sich diese vier nicht. Die Westmächte würden es gerne sehen, dass Österreich sich der westlichen Auffassung von Demokratie und dem westlichen Verteidigungsbündnis anschließt. Die Sowjets wollen ihrerseits ihre Auffassung von Volksdemokratie verankern und keinesfalls zulassen, dass sich Österreich in irgendeinem Bündnis mit Deutschland wiederfindet.

So geraten die Verhandlungen um die Unabhängigkeit Österreichs zum Spielfeld des Konfliktes zwischen Ost und West, den man den »**Kalten Krieg**« nennt. Erst als Josef Stalin 1953 stirbt und Österreich mit Julius Raab (ÖVP) und Adolf Schärf (SPÖ) eine neue Koalitionsregierung bekommt, die einen sanfteren Ton gegenüber den Sowjets anschlägt, kommt wieder Bewegung in die Verhandlungen um die Unabhängigkeit. Zwei Jahre hitziger Diskussion folgen. Im April 1955 fliegt eine österreichische Delegation mit Bundeskanzler Julius Raab nach Moskau. Nächtelange Verhandlungen in nicht selten launiger Atmosphäre münden am 15. April im »**Moskauer Memorandum**«. Österreich verpflichtet sich zur immerwährenden Neutralität nach Vorbild der Schweiz. Zurück in Wien folgt die Botschafterkonferenz der Westmächte. Am 14. Mai gelingt es Leopold Figl im Beisein der angereisten Außenminister, die Mitverantwortung Österreichs am Zweiten Weltkrieg aus dem **Staatsvertrag** wegzuverhandeln. Damit ist die **Opferrolle*** Österreichs klar festgelegt. Am 15. Mai 1955 um halb zwölf Uhr mittags unterzeichnen Antoine Pinay (Frankreich), Harold Macmillan (Großbritannien), Wjatscheslaw Molotow (Sowjetunion), John Foster Dulles (USA) und Leopold Figl (Österreich) den lang ersehnten Staatsvertrag im Wiener Schloss Belvedere. Außenminister Figl zeigt der Bevölkerung vom Balkon des Schlosses das Vertragswerk mit den Siegeln. Österreich ist frei und Tausende Österreicher sind glücklich.

38 Artikel umfasst der Staatsvertrag. Darin sind die Freiheit und Unabhängigkeit Österreichs festgelegt und das **Verbot eines Anschlusses an Deutschland** sowie das Verbot der Betätigung nationalsozialistischer und faschistischer Organisationen fixiert. Der Staatsvertrag enthält **Schutzbestimmungen** für die slowenischen und kroatischen **Minderheiten** und untersagt dem Bundesheer den Gebrauch von Raketen und anderen Spezialwaffen. Nicht Teil des Staatsvertrages ist die **Neutralität**, um die so lange verhandelt worden ist. Diese muss nämlich auf freiwilliger Basis vom österreichischen Parlament beschlossen werden. Am 25. Oktober verlässt der letzte Besatzungssoldat das Land. Am 26. Oktober beschließt der Nationalrat mit den Stimmen der ÖVP, SPÖ und KPÖ, gegen die der WdU, Österreichs »**immerwährende Neutralität**«, die es »mit allen zu Gebote stehenden Mitteln aufrechterhalten und ver-

teidigen« wolle, als Verfassungsgesetz. Die Entscheidung zur Neutralität ist eine österreichische Angelegenheit und sie bedeutet, dass Österreich nie wieder in einen Krieg ziehen will. Die Zeit des harten Wiederaufbaus ist abgeschlossen und die Zeit der Ernte beginnt.

Wichtige Wörter zur Zeit

Entnazifizierung

Eine der ersten Amtshandlungen der neuen provisorischen Regierung 1945 verbietet die NSDAP (Nationalsozialistische deutsche Arbeiterpartei) und ordnet die Registrierungspflicht all jener an, die zwischen 1933 und 1945 der NSDAP angehört haben. Bereits im April 1948 werden durch das Amnestiegesetz die Maßnahmen gegen 482000 Betroffene aufgehoben, die künftig wieder wählen dürfen. Bis 1955 werden in den Volksgerichten 136829 NS-Verbrechen behandelt. 23477 enden mit einem Urteil, fast die Hälfte der mutmaßlichen NS-Verbrecher wird von der Schuld freigesprochen. 43 Todesurteile werden gefällt, davon 30 vollstreckt. Nach 1955 endet die Mehrzahl der vielen Verfahren gegen mutmaßliche NS-Verbrecher mit Freisprüchen.

Opferrolle

Am 27. April 1945 erlassen die politischen Parteien (SPÖ, ÖVP, KPÖ), die sich gleichzeitig als Vertreterinnen des österreichischen Volkes sehen, die Erklärung über die Selbstständigkeit Österreichs. In dieser Erklärung wird klar gemacht, dass sich Österreich vom Deutschen Reich lostrennt und als unabhängiger Staat begreift. Diese Erklärung weist Österreich und seine Bevölkerung aber auch als Opfer der nationalsozialistischen Reichsregierung Adolf Hitlers aus. Die Kehrseite der Opferrolle ist, dass die Österreicher mehr und mehr beginnen das auch tatsächlich zu glauben und vergessen, wie sie zum Teil Hitler jubelnd willkommen geheißen haben und dass sie sich gegenüber der jüdischen Bevölkerung und den Roma und Sinti verbrecherisch verhalten haben. Erst auf Druck der USA werden Rückstellungsgesetze von der Politik erlassen. Es dauert weitere 50 Jahre, ehe sich die österreichische Politik veranlasst sieht, einen Nationalfonds für Opfer des Nationalsozialismus einzurichten *(→ 1995–2005)*.

Der Weg zum Staatsvertrag

30.10./1.11.1943: Die Konferenz der alliierten Außenminister in Moskau – Anthony Eden (Großbritannien), Cordell Hull (USA), Wjatscheslaw Molotow (Sowjetunion) – gibt eine Erklärung der »Alliierten über die Wiederherstellung des freien und unabhängigen Österreich« ab. Die »Moskauer Deklaration« bildet für die österreichischen Politiker die Grundlage für die Verhandlungen um die Unabhängigkeit, die insgesamt 10 Jahre dauern wird.

17.7.–2.8.1945: Auf der Potsdamer Konferenz beschließen die **»großen Drei«**, die Staatslenker (Winston Churchill, Josef Stalin und Harry S. Truman), von Österreich keine Reparationen zu verlangen, ausgenommen die Ansprüche auf deutsches Eigentum.

1946–1948: Sämtliche Gespräche in Außenministerkonferenzen (Paris, Moskau, London) über einen österreichischen Staatsvertrag enden ergebnislos.

19.6.1949: Die UdSSR verzichtet auf die Unterstützung der jugoslawischen Gebietsanforderungen an Österreich.

22.11.1949: Die Staatsvertragsverhandlungen werden unterbrochen. Die UdSSR fordert direkte Verhandlungen mit Wien wegen der Frage des deutschen Eigentums.

1950–1952: Die Staatsvertragsverhandlungen werden von Sonderbevollmächtigten fortgesetzt. Die UdSSR will eine Einigung über Triest. Ein Kurzvertrag der Westmächte wird von der UdSSR abgelehnt, weil dieser weder auf die Ablöse des deutschen Eigentums noch auf die Entmilitarisierung und Entnazifizierung eingeht.

20.12.1952: Die UN-Vollversammlung nimmt auf Antrag Brasiliens eine Resolution an die Großmächte an, sich über den Staatsvertrag zu einigen.

17.8.1953: Die Westalliierten ziehen ihrerseits den Kurzvertrag zurück und erwarten von der UdSSR, dass diese sich um einen Vertrag bemüht, der die wirtschaftliche und politische Unabhängigkeit Österreichs vorsieht. Die Neutralität kommt zusehends ins Gespräch.

25.1./28.2.1954: Erstmals nimmt auch Österreich als gleichberechtigter Verhandlungspartner an der Außenministerkonferenz in Berlin teil. Figl schlägt eine militärische Neutralität vor. Der österreichische Staatsvertrag wird mit dem zu schließenden Friedensvertrag mit Deutschland verknüpft. Österreich fordert den Abzug der Besatzungssoldaten bis Juni 1955. Die UdSSR lehnt ab, die Verhandlungen werden abgebrochen.

5.10.1954: In London wird das Abkommen über Triest abgeschlossen.

15.4.1955: Im »Moskauer Memorandum« werden die Weichen für den Staatsvertrag verhandelt.

13.5./14.5.1955: Im »Wiener Memorandum« erfolgt der Feinschliff und der Vertragstext wird in vier Sprachen abgefasst.

15.5.1955: Der Staatsvertrag wird in Wien unterzeichnet. Die Kosten für die Zustimmung zum Staatsvertrag belaufen sich auf rund 8 Milliarden Schilling (über 580 Millionen Euro).

Interessanteste Frauen der Zeit

Helene Postranecky, *12. März 1903–5. Jänner 1995,* Politikerin
In der provisorischen Regierung 1945 übernimmt die Kommunistin Helene Postranecky für wenige Monate das Staatsamt für Volksernährung und ist somit die erste Frau, die in einer österreichischen Regierung ein Amt ausübt.

Paula von Preradovic, *12. Oktober 1887–25. Mai 1951,* Lyrikerin
Sie entwickelt den Text für die neue Bundeshymne, die seit 25. Februar 1947 gesungen wird.

Herma Bauma, *geboren am 23. Jänner 1915,* Speerwerferin
Sie erringt 1934 eine Silbermedaille bei den Frauenweltspielen in London, 1948 eine Goldmedaille bei den Olympischen Spielen in London und stellt 2 Welt- und 3 Europarekorde auf.

Interessanteste Männer der Zeit

Ernst Happel, *29. November 1925–14. November 1992,* Fußballspieler und -trainer
Er spielt bei Rapid Wien und ist ein hervorragender Abwehrspieler. 1954 besiegt er mit der österreichischen Nationalmannschaft den Gastgeber Schweiz mit 7 : 5 im trefferreichsten Spiel der Weltmeisterschaftsgeschichte. Die Österreicher belegen hinter Deutschland und Ungarn den 3. Platz. Ab 1958 erringt Happel 18 Titel mit 6 internationalen Mannschaften und gilt als »Weltmeister« der Trainer. Als er stirbt, benennen die Wiener ihr größtes Stadion nach ihm.

Ludwig Wittgenstein, *26. April 1889–29. April 1951,* Philosoph
In seinem Werk »Tractatus logico-philosophicus« versucht er die Existenz des Irrationalen zu beweisen.

Ferdinand Porsche, *3. September 1875–30. Jänner 1951,* Automobiltechniker
Er konstruiert in den 30er Jahren den »**Käfer**«, den später von den Nazis so heiß geliebten Volkswagen, und den Porsche-Sportwagen und verbringt den Großteil seines Arbeitslebens in österreichischen Automobilproduktionsstätten.

1955–1965: Ingeborg und Toni

Die Ära nach dem **Wiederaufbau** beginnt glamourös. Österreich feiert ein rauschendes Fest. Der erste **Opernball** seit dem Zweiten Weltkrieg wird in den Abendstunden des 9. Februar 1956 eröffnet. Die Reichen drehen sich auf dem Tanzparkett und ihre Gespräche kreisen um einen 20-jährigen Tiroler: Toni Sailer gewinnt Tage zuvor **alle drei olympischen Goldmedaillen** im italienischen Cortina d'Ampezzo und lässt seine Mitbewerber bei Slalom, Riesentorlauf und Abfahrt gleich mehrere Sekunden hinter sich. Dieser Erfolg gelingt erstmals in der Geschichte des Skisports und katapultiert Österreich zur **Skination Nummer eins**. Das bringt einen guten Ruf, lockt noch mehr – vorzugsweise deutsche – Gäste zum Wintersport und lässt die heimischen Kassen wohlig klingeln. Man gönnt sich was. Sei es das Auto, den Plattenspieler oder einen richtigen Urlaub am Strand von Caorle in Italien. Ny-

lonstrümpfe, Wurlitzer, VW-Käfer, Vespa, die Comicfiguren Fix & Foxi, Pez-Zuckerln, Coca Cola, Pitralon und Petticoat sind die Marken der neuen Zeit. Die Wirtschaft blüht, die Menschen haben Arbeit und der Einsatz von Technik nährt Freiheit und Wohlstand. Mit dem so genannten LD (für **Linz-Donawitz)-Blasstahlverfahren** hat unser Land beim technologischen Fortschritt die Nase vorn. Die Begeisterung am Bauen ist grenzenlos. Die Kraftwerke Kaprun, Großraming sowie das steirische Speicherkraftwerk Grimming bringen Strom für die Elektrifizierung der Eisenbahn und nähren weiteren Wohlstand. Autobahnen und Fabriksanlagen werden errichtet. Zufällig ist der Bauboom nicht. Er wird durch die Politik von Bundeskanzler Raab und seinem Finanzminister Kamitz unterstützt: Sie senken die Steuern. Dass nicht nur Unternehmer profitieren, sondern auch die Arbeiter, dafür sorgen die **Paritätische Kommission** für Lohn- und Preisfragen und vor allem die SPÖ. Der Arbeitslohn steigt. 1960 beträgt das durchschnittliche Monatseinkommen 1833 Schilling (ca. 133 Euro). Seit 1957 gibt es das **Mutterschutzgesetz** und mit diesem den **Karenzurlaub**. Die 45-Stunden-Woche wird 1959 eingeführt und ab 1964 gibt es 3 Wochen Urlaub für die Arbeitenden. Das ist die Zeit der **Vollbeschäftigung**, denn fast alle haben eine bezahlte Arbeit. Die Hälfte des Lohnes geben die Menschen für Erholung, Urlaub und Sport aus, ein Teil fließt auf das Sparkonto oder in den Bau eines eigenen Hauses. In den neu gebauten Wohnhäusern leben weniger Menschen als früher und oft haben sie in ihren Wohnungen eine Dusche oder sogar ein eigenes Badezimmer. Die Küche ist klein, hier wird gegessen. Auf der Couchecke im Wohnzimmer folgt die Entspannung, vielfach beim Fernsehen, das seit 1955 mehrere

Stunden pro Woche in Schwarzweiß empfangen werden kann. Die Menschen lieben ihre eigenen vier Wände und besinnen sich auf Tradition und alte Werte. Gutes Benehmen, Heirat und Familie sind wieder gefragt. Der ideale Mann verdient Geld. Die ideale Frau kocht, putzt, kümmert sich um Kinder und um das Wohlergehen der Familie. Wochentags wird gearbeitet, am Wochenende gönnt man sich den neuesten **Heimatfilm** mit Waltraud Haas oder einen älteren mit Hans Moser, und man geht in Dirndl und Lodenjoppe in die Volkstanzgruppe.

Am Sonntag geht es in die Kirche. Nach dem **Zweiten Vatikanischen Konzil** (1962–1965) ist vieles anders. Der Gottesdienst, einst in lateinischer Sprache, wird jetzt in der Landessprache – in Österreich also meistens Deutsch – vorgetragen. Die Kirche wird moderner und die Zahl der Katholiken steigt auf über 90%. Man liest wieder Heimatdichter wie Karl Heinrich Waggerl oder Max Mell. Heimito von Doderer, der Autor der 1950er Jahre, beschreibt die Monarchie und die Erste Republik, eine Auseinandersetzung mit dem Nationalsozialismus findet nicht statt. Ilse Aichinger und Ingeborg Bachmann*, die in ihrer anspruchsvollen Prosa die dunkle Geschichte Österreichs ansprechen, werden nur von einer Minderheit der Menschen gelesen. Die »**Wiener Schule**« um Arik Brauer, Ernst Fuchs, Wolfgang Hutter, Rudolf Hausner und Anton Lehmden findet ihren Weg im »Phantastischen Realismus« und zeichnet bunte, erotische Bilderwelten. Die sich abzeichnende kritische Kultur arbeitet weitgehend im Hintergrund. Sei es H.C. Artmann, der im 1955 neu errichteten Bundesheer die Vorbereitung zum »legalisierten menschfressertum« sieht, oder die **Kabarettszene** rund um Oskar Bronner und Helmut Qualtinger, die mit dem Programm »Spiegel vor'm G'sicht« für politisches Aufsehen sorgt.

Der wahre Kultgegenstand aber ist das Auto. Hatten zu Beginn der 1950er Jahre sechs von tausend Österreichern ein Auto, so sind es Ende der 1960er Jahre bereits 151. Zu den beliebtesten Automarken zählen der VW-Käfer, Puch 500, Fiat, Renault und BMW. Der Automania geht das Motorrad voraus. Als Zur-Arbeit-Fahrzeug derjenigen, die sich kein Auto leisten können, ist das Moped vor allem ein Symbol der Jugendkultur aus dem Arbeitermilieu. Man nennt sie die »**Halbstarken**« oder »**Schlurfe**« und erkennt sie an den Jeans und der Lederjacke. Ihr Haar ist länger und mit Pomade eingefettet. Ihre Vorbilder sind Marlon Brando und James Dean, beide kommen aus Amerika wie das Coca Cola, das sie literweise schlürfen. Sie lungern an den Straßenecken, schwingen ihre Hüften in den zahllosen Tanzcafés zu Rock 'n' Roll, Boogie und Beat, lesen Comics oder die neu gegründete »Bravo«-Zeitschrift und dröhnen sich mit Hollywood-Filmen zu. Der amerikanische Kulturimport hat aber auch Seiten, die Erwachsenen gefällig sind. Die feinen Strümpfe, die hübsche Nylonbluse, adrette Stöckelschuhe, vor allem aber die vielen technischen Arbeitsgeräte, von der Waschmaschine, dem Rasierer bis zum Mixer, verschönern das Leben und erleichtern den Alltag.

Herausfordernd ist dieser Alltag zunächst für die Politik. Kaum ist der Staatsvertrag unter Dach und Fach, wird Österreichs Demokratie auf ihre erste harte Probe gestellt. Am 28. Oktober 1956 stellen sich in Ungarn die Menschen gegen den Kommunismus. Dieser Volksaufstand wird von sowjetischen Soldaten niedergeschlagen und rund 200 000 Menschen fliehen nach Österreich. Weil neutral, riskiert die Regierung großen Ärger mit der Sowjetunion, trotzdem lässt sie die Grenzen öffnen und eine beispiellose Welle der Hilfsbereitschaft beginnt. Die Österreicher unterstützen die Flüchtlinge und 150000 entschließen sich, ihr Leben in Zukunft hier zu verbringen. Für große Aufregung sorgt der Konflikt in Südtirol, der seit 1956 schwelt und Tote kostet. Für die größte innerösterreichische Verstimmung aber sorgt Otto Habsburg-Lothringen. Der älteste Sohn des letzten Habsburger Kaisers Karl I., der seit dem Sturz der Monarchie im Exil lebt, entschließt sich 1959 die geltenden Gesetze Österreichs anzuerkennen und bekennt sich zur Republik. Nach heftigen Debatten im Parlament, in der SPÖ und FPÖ (die 1955 als Nachfolgerin der WdU/VdU gegründet wird) die Rückkehr Ottos als unerwünscht ansehen, entschließt sich der Nationalrat mit Unterstützung der ÖVP für seine Wiederkehr nach Österreich. Am 1. Juni 1966 stellt das Innenministerium einen Reisepass für Otto Habsburg-Lothringen aus.

Hinter dem Konflikt um die Einreise des Kaisersohnes steckt die immer tiefer werdende Kluft zwischen den beiden Großparteien. Während die Wirtschaft blüht, der neue Südbahnhof eröffnet wird, die Wiener Stadthalle fertig gestellt wird, die **Austrian Airlines** 1958 ihren Flugbetrieb erstmals aufnimmt und die allererste Gebirgsautobahn der Welt – samt **Europabrücke** – dem Autoverkehr übergeben wird, nimmt der Streit in der Koalition zu. 1959 gewinnt die SPÖ insgesamt zwar mehr Wählerstimmen als die ÖVP, trotzdem stellt die ÖVP als mandatstärkste Partei den Bundeskanzler. Julius Raab macht seinem Nachfolger Alfons Gorbach Platz. Nachdem Adolf Schärf 1957 zum Bundespräsidenten gewählt wird und

Österreich zum Schauplatz höchster Diplomatie macht, auf dem sich 1961 der amerikanische Präsident John F. Kennedy und der sowjetische Ministerpräsident Nikita Chruschtschow treffen, heißt der starke Mann der SPÖ Bruno Pittermann. Bei den vorgezogenen Nationalratswahlen 1962 geht die ÖVP als stärkste Partei aus der Wahl hervor. Die Regierungsverhandlungen verlaufen zäh, Zankapfel ist die parteipolitische Besetzung der wichtigen Posten in der »**Verstaatlichen Industrie**«, dazu zählen die profitable Stahlindustrie, der Bergbau, die Bundesbahnen und die Erdölfelder, der Rundfunk und die Post sowie die großen Banken. 1963 macht Alfons Gorbach seinem Nachfolger Josef Klaus Platz. Er bildet die neue Koalitionsregierung und führt die Volkspartei in den nächsten Jahren zur Hochblüte ihres Erfolgs. Die Sozialisten unter der Führung Bruno Pittermanns stolpern hingegen in eine Krise. Den Grund dafür liefert Gewerkschaftsführer und Innenminister **Franz Olah**. Franz Olah, der sich bereits im Nachkriegsösterreich als Gewerkschaftsführer der Bauarbeiter einen Namen als Kommunistengegner macht, versucht die SPÖ für die ehemaligen Nationalsozialisten zu öffnen. Als bekannt wird, dass Olah umgerechnet rund 100 000 Euro aus der Parteikassa der SPÖ und der Gewerkschaft für persönliche Zwecke, zur Unterstützung der »Kronen Zeitung« und der FPÖ missbräuchlich verwendet hat, wird er aus der Partei ausgeschlossen. Er muss das Amt des ÖGB-Chefs zurücklegen, da nutzen auch die Demonstrationen Tausender Arbeiter in Wien nichts mehr; er verliert sein Amt als Innenminister und verbleibt als parteiloser Abgeordneter im Nationalrat.

Turbulent geht es auch in der Bevölkerung zu, darüber können die Olympischen Winterspiele, die 1964 erstmals in

Österreich ausgetragen werden, nicht hinwegtäuschen. Zwar gewinnen Athleten wie Christl Haas, Egon Zimmermann, Pepi Stiegler sowie Feistmantl und Stengl in Innsbruck eine Menge Gold und sorgen dafür, dass Österreich bei den Medaillen den zweiten Rang in der Nationenwertung einnimmt, trotzdem führen die Skandale in der Bauwirtschaft, in die Politiker verwickelt sind, zu großem Unmut in der Bevölkerung. Diese negative Stimmung gegen den **Parteienproporz** entlädt sich beim ersten Volksbegehren in der Geschichte der Zweiten Republik. Im Oktober 1964 unterschreiben 832353 Menschen das Volksbegehren für eine Reform des Rundfunks. Sie wollen einen unabhängigen Rundfunk. Bisher beeinflussen die beiden Großparteien weitgehend Berichterstattung und die Auswahl der Sendungen. Die Bevölkerung wird selbstbewusster und bedient sich der demokratischen Mittel. Das Ende der Großen Koalition steht vor der Tür.

Wichtige Wörter zur Zeit

Südtirolfrage

In den 1960er Jahren eskaliert der Konflikt in Südtirol. Radikale deutschsprechende Südtiroler stehen radikalen italienischsprechenden Südtirolern gegenüber. Und weil sie mit Vorliebe Denkmäler und Telefonmasten in die Luft sprengen, nennt man die deutschsprechenden Südtiroler, die von national gesinnten Österreichern unterstützt werden, »Bumser«. Der Grund für den Zwist liegt in der Geschichte. Nach dem Ersten Weltkrieg wird Tirol geteilt: Der Süden fällt an Italien, der Rest bleibt bei Österreich. Nach dem Zweiten Weltkrieg macht der damalige Bundeskanzler Leopold Figl die Rückkehr Südtirols zu einer »Herzenssache jedes Österreichers«. Außenminister Karl Gruber erreicht mit Unterstützung der Westmächte 1947 ein Gruber-de-Gasperi-Abkommen, das der deutschsprachigen Bevölkerung Südtirols Gleichberechtigung und gewisse Sonderrechte einräumt, wie den Schulunterricht in der deutschen Muttersprache. Über 20 Jahre dauern die Verhandlungen und sie fordern Dutzende Tote auf beiden Seiten, ehe 1992 das »Südtirol-Paket« mit 137 Maßnahmen abgeschlossen werden kann und Österreich mit Italien vor der UNO den Auslegungsstreit des Gruber-de-Gasperi-Abkommens ganz offiziell beilegt.

Sozialpartnerschaft

Am 12. März 1957 wird auf Anregung des Gewerkschaftsbundes die Paritätische Kommission für Lohn- und Preisfragen gegründet. Vertreter führender Gruppen setzen sich an einen Tisch und beraten miteinander über steigende Preise und Löhne. So sind die Bauern durch die Landwirtschaftskammer, die Arbeiter durch die Arbeiterkammer und den Österreichischen Gewerkschaftsbund und die Unternehmer durch die Bundeswirtschaftskammer vertreten. Auch Regierungsmitglieder sitzen in der Paritätischen Kommission. Sie dürfen aber seit 1966 nicht mehr mit abstimmen. Die Kommission entscheidet einstimmig und gibt der Regierung Empfehlungen. Zufrieden mit den Empfehlungen ist auch die Bevölkerung, weshalb sie sich selten gegen die Ergebnisse auflehnt und streikt. Besser ist die Paritätische Kommission für Lohn- und Preisfragen unter dem Begriff Sozialpartnerschaft bekannt.

Volkskirche

Am 17. Dezember 1958 wird der Wiener Erzbischof Franz König von Papst Johannes XXIII. zum Kardinal ernannt. In die Geschichte Österreichs geht er als »roter« Kardinal ein, weil er für die Annäherung zwischen katholischer Kirche und den Sozialisten eintritt. Basis dieser Annäherung ist das Mariazeller Manifest 1952, das eine Zusammenarbeit zwischen Staat und Kirche über alle politischen Richtungen hinweg vorsieht. Geführt wird der Dialog von den Kardinälen Theodor Innitzer und Franz König. Tatsächlich tut sich einiges auf dem Gebiet der Kirche. 1957 erkennt die Regierung prinzipiell die Gültigkeit des Konkordats an, das 1933 von Bundeskanzler Dollfuß abgeschlossen wurde und der Kirche großen Einfluss vor allem auf Schule, Eherecht und die Besetzung kirchlicher Ämter brachte. Künftig überlässt der Staat der Kirche den Religionsunterricht an den öffentlichen Schulen und in den Klassenzimmern hängt das Kruzifix. Ab 1962 werden die Kosten der katholischen Privatschulen weitgehend und seit 1971 zur Gänze vom Staat getragen. Eine große Veränderung bringt das Zweite Vatikanische Konzil (1962–1965), eingeleitet von Papst Johannes XXIII. und fortgeführt von Papst Paul VI. Fand bisher der Gottesdienst in lateinischer Sprache statt, so wird er nun in der Umgangssprache vorgetragen. Volksaltäre werden eingerichtet.

Interessanteste Frauen der Zeit

Ingeborg Bachmann, *25. Juni 1926–17. Oktober 1973,*
Schriftstellerin

Sie ist Lyrikerin von Weltrang und veröffentlicht auch unter dem Pseudonym Ruth Keller. Bachmann setzt sich mit den gesellschaftlichen Kräften der Nachkriegszeit in »Die gestundete Zeit« (1953) und mit dem Faschismus in »Das dreißigste Jahr« (1961) auseinander.

Romy Schneider, *23. September 1938–29. Mai 1982,* Schauspielerin
Als Tochter des Schauspielerehepaars Magda Schneider und Wolf Albach-Retty wird Romy Schneider an der Seite von Karl-Heinz Böhm als Kaiserin Elisabeth in der »Sissi«-Trilogie (1955–57) österreichweit bekannt und international beliebt.

Christl Haas, *19. September 1943–8. Juli 2001,* Skifahrerin
Sie ist Weltmeisterin im Abfahrtslauf 1962 und 1964, gewinnt die Goldmedaille bei den Olympischen Spielen 1964 in Innsbruck. 1968 wird Haas Olympia- und Weltmeisterschaftsdritte in der Abfahrt.

Interessanteste Männer der Zeit

Helmut Qualtinger, *8. Oktober 1928–29. September 1986,* Kabarettist und Schauspieler
In unterschiedlichen Kabarett-Formationen mit Gerhard Bronner, Carl Merz, Georg Kreisler und Louise Martini nimmt Qualtinger die österreichische Gesinnung aufs Korn und hält Gesellschaft und Politik den Spiegel vor. Seinen letzten großen Auftritt hat Qualtinger übrigens 1986 im internationalen Spielfilm »Der Name der Rose«.

Erwin Schrödinger, *12. August 1887–4. Jänner 1961,* Physiker
Er ist Mitbegründer der Wellenmechanik und bekommt 1933 den Nobelpreis für Physik. Als Universitätsprofessor international anerkannt emigriert Schrödinger 1938 nach Dublin und kehrt 1955 nach Wien zurück.

Herbert von Karajan, *5. April 1908–16. Juli 1989,* Dirigent
Er ist 1934 Generalmusikdirektor in Aachen und ab 1941 in Berlin. Obwohl nach dem Krieg mit Arbeitsverbot belegt wird Karajan 1947 als Dirigent an der Wiener Staatsoper begeistert empfangen, leitet die Salzburger Festspiele und ist ab 1957 Direktor der Wiener Staatsoper.

1965–1975: HERTHA UND BRUNO

Ab Mitte der 1960er Jahre beginnt sich die Gesellschaft in Österreich erneut grundlegend zu verändern. Die Industrie steht auf soliden Füßen und modernisiert durch ständige Motorisierung das Arbeitsumfeld. Die Anzahl der Beschäftigten in der Landwirtschaft geht zurück. Gleichzeitig steigt der Anteil der arbeitenden Menschen im Dienstleistungsbereich, sei es im Fremdverkehr, in Einzelhandelsgeschäften oder im Büro. Neben die Bauern- und Arbeiterschaft treten die Angestellten und die sind mobil und viel weniger einer politischen Partei verbunden. Die wirtschaftliche Aufbruchsstimmung hält an. Die Menschen lieben den Wohlstand, genießen die Freizeit, ihr Konsum verdoppelt sich in nur einem Jahrzehnt. Gleichzeitig haben sie von der großen Koalition die Nase voll und wollen Reformen.

Die SPÖ ist durch die Olah-Krise und dessen neu gebildeten DFP (Demokratischen Fortschrittspartei) vor allem mit sich selbst beschäftigt. Bei den Wahlen 1966 gewinnt die ÖVP die absolute Mehrheit und die Zeit der **Alleinregierung** beginnt. Der neue Bundeskanzler **Josef Klaus** gilt als redlich, sachlich und korrekt. 1966 wird das Rundfunkgesetz im Sinne des Volksbegehrens verabschiedet, mit dem der Einfluss der Parteien zurückgedrängt und die Unabhängigkeit des Journalismus gewährleistet werden soll. Viel Energie fließt in den Bildungsbereich, 20 höhere Schulen werden errichtet, die

Zahl der Schüler in den berufsbildenden Schulen verfünffacht sich. Die Gründung der **ÖIAG (Österreichische Industrieverwaltungs-Gesellschaft)** soll die Verstaatlichte Industrie neu ordnen, wobei den Aufsichtsräten und Vorständen kein aktiver Politiker angehören darf. Auf die ökonomische Krise 1967 reagiert die ÖVP mit dem **Koren-Plan**, der auch eine Besteuerung der Politikergehälter vorsieht. Das Wahlalter wird auf 19 Jahre herabgesetzt. Die anfängliche Reformfreude gerät ins Stocken und hat unter den aufbrechenden Bauskandalen, in die ÖVP-nahe Unternehmen verstrickt sind, zu leiden.

Als sowjetische Truppen in der **Tschechoslowakei 1968** einmarschieren, reagiert die Regierung weniger mutig als beim Ungarnaufstand 1956. Sie betont die Neutralität und ihre Verpflichtung im Asylrecht. Mit den Volksbegehren zur Einführung der **40-Stunden-Woche** und zur Abschaffung des 9. Schuljahres an den höheren Schulen bläst der Alleinregierung ein kalter Wind von der Opposition und der Bevölkerung entgegen. Schüler und Studenten wählen den Weg der Straße, um auf sich und ihre Rechte aufmerksam zu machen. 1965 führen Demonstrationen zum ersten politischen Opfer der Zweiten Republik. Dabei geht es um den Hochschulprofessor Taras Borodajkewycz, dem Studenten (darunter die späteren Politiker Ferdinand Lacina und Heinz Fischer) antisemitische Äußerungen im Unterricht vorwerfen, weil er bei einer Pressekonferenz freimütig bekennt, bereits 1934 in die damals verbotene NSDAP eingetreten zu sein. Bei der anschließenden Demonstration, an denen sich Rechtsextremisten und Antifaschisten beteiligen, wird der Pensionist und Widerstandskämpfer Ernst Kirchweger vor dem Hotel Sacher vom Neonazi Günther Kümel schwer verletzt. Zwei Tage später stirbt er. Am Tag seines Begräbnisses sammeln sich 250 000 Menschen zu einem Schweigemarsch auf dem Wiener Ring. Auch im Parlament wogen die Gemüter heiß. Viele verlangen härtere Strafen für antisemitische Äußerungen. Die FPÖ protestiert. Immer noch hat Österreich seine Nazi-Vergangenheit nicht aufgearbeitet, viele Hochschullehrer sind ehemalige Nationalsozialisten. Erst ein Jahr später wird Taras Borodajkewycz zwangsweise in den Ruhestand versetzt, Günther Kümel wird lediglich wegen Notwehrüberschreitung zu 9 Monaten Haft verurteilt.

1967 gehen 3000 Studenten auf die Straße. Sie fordern mehr Geld für die Bildung und Mitbestimmung an den Universitäten. Die Jugend der 1960er Jahre pfeift auf den Tanzunterricht bei Willi Ellmayer-Vestenbrugg, bei der sie in Kurzhaarfrisur und mit Handschuhen den Walzerschritt erlernen soll. Der Krawattengeneration der 1950er Jahre und den Halbstarken in Lederjacke folgen die Pullover tragenden Jugendlichen, die sich gegen die »Konsumtrottel« und gegen den Staat, die Kirche und die Familie auflehnen. Peter Handke wirbelt 1967 gehörig Staub auf, als er aus seiner **»Publikumsbeschimpfung«** liest. Valie Export* bastelt sich einen Kasten, den sie Tapp- und Tastkino nennt, und trägt ihn am Oberkörper befestigt spazieren. Vorne sind zwei Löcher angebracht, durch die man ihre Brüste anfassen kann. Als **Feministin** spielt sie mit der Doppelmoral der Menschen, die verstohlen nach ihren Brüsten grapschen. Den Vogel der Provokation schießen die **Wiener Aktionisten** am 7. Juni 1968 ab: Während einer Aktion unter dem Titel »Kunst und Revolution« tritt Günter Brus gemeinsam mit seinen Freunden Otto Mühl, Peter Weibel und Oswald Wiener nackt im Hörsaal 1 des Neuen Institutgebäudes (NIG) in Wien auf. Weil Brus im Hörsaal seine Notdurft verrichtet, während er die Bundeshymne singt, wird er wegen Herabwürdigung österreichischer Symbole und Verletzung der Sittlichkeit angeklagt und verurteilt. Er flüchtet mit Frau und Kind nach Berlin und wird erst sieben Jahre später begnadigt. Heute ist er, genauso wie Hermann Nitsch, der in den 1960er Jahren seine ersten **Mysterien-Theater** mit Eingeweiden und Blut von Tieren auf Leinwand aufführt, ein international anerkannter Künstler.

Die 1960er und 1970er sind die große Zeit unterschiedlichster Gruppierungen. Marxisten-Leninisten, Maoisten, Kommunarden, Aktionisten wollen die Gesellschaft verändern und rufen nach Reformen. Der ein wenig steif anmutende und jedenfalls fromme Bundeskanzler, der seinen Regierungsantritt mit einer Messe im Bundeskanzleramt feierte, scheint nicht gerade die geeignete Figur für die im Aufbruch befindliche Jugend zu sein. Mit der Übernahme des SPÖ-Vorsitzes durch **Bruno Kreisky** steht ab 1967 ein weltgewandter Taktiker an der Parteispitze, der eine für alle gesellschaftlichen Strömungen offene Partei präsentiert und es meisterlich versteht, mit den Medien umzugehen.

Das Fernsehen wird neben der **Kronen Zeitung** zum wichtigsten Medium in Österreich. 1968 gibt es offiziell eine Million Fernsehanschlüsse, ein Jahr später beginnt in Österreich das Farbfernsehen. Tausende Österreicher sehen am 5. September 1970 zu, als Jochen Rindt bei der Trainingsfahrt für den großen Preis von Italien in Monza tödlich verunglückt. Als deutscher Staatsbürger fährt er mit österreichischer Lizenz ab 1964 Formel-1-Rennen. Er gewinnt bis 1970 sechs Grand-Prix-Rennen, ehe er in Italien verunglückt. Weil der 28-jährige

Rindt die Gesamtwertung der Formel-1-Meisterschaft mit 45 Punkten anführt, wird er posthum Formel-1-Weltmeister. Das Fernsehen bringt die weite Welt in das Wohnzimmer und ganz Österreich trauert um den begnadeten Rennfahrer.

Auch in der Politik wird der entscheidende Wahlkampf im ORF geschlagen und geht zu Gunsten von Bruno Kreisky aus. Am 1. März 1970 gewinnt die SPÖ mit 81 Mandaten, die ÖVP fällt auf 78 Mandate zurück und die FPÖ ist mit ihren sechs Mandaten das Zünglein auf der Waage, mit dem Kreisky prächtig zu spielen versteht. Die SPÖ bildet mit Duldung der FPÖ eine Minderheitsregierung. Wegen des Milchkrisengroschens, der Weinsondersteuer und der Treibstoffverteuerung ziehen Tausende Bauern in Großdemonstrationen mit ihren Traktoren auf die Straße. Der neue Bundeskanzler Kreisky bleibt unbeeindruckt und ist nicht gewillt auf der Straße zu verhandeln. Der Geniestreich gelingt dem Kanzler mit der Wehrgesetznovelle, die er mit Hilfe der FPÖ umsetzen kann und mit der der Bundeskanzler sein Wahlversprechen einlösen kann. Künftig dauert der Präsenzdienst sechs Monate. Bei den Neuwahlen am 10. Oktober erringt die SPÖ erstmals mehr als die Hälfte aller Stimmen. Die ÖVP geht in Opposition und kommt erst 1986 als Juniorpartnerin wieder in die Regierung.

Die Zeit der SPÖ-Alleinregierung beginnt. Mit Christian Broda als Justizminister, dem jungen Hannes Androsch als Finanzminister und der Wissenschaftsministerin Hertha Firnberg* an seiner Seite gelingt Bundeskanzler Kreisky eine kongeniale Regierungsmannschaft, die den Staat in Richtung Sozialstaat auszubauen beginnt. Neuvermählte Paare bekommen rund 1200 Euro Starthilfe. Ab 1972 sind die **Schulbücher** für alle Schüler **gratis**. Die Hochschulgebühren werden abgeschafft und die Zahl der Studierenden steigt 1972/1973 von rund 62000 auf rund 70000. Die straffreie Schwangerschaftsunterbrechung, die so genannte **Fristenlösung**, wird durch die Stimmen der SPÖ 1974 verabschiedet. Im gleichen Jahr wird der Zivildienst eingeführt. Ein Jahr später tritt das neue Strafrecht in Kraft, das unter anderem eine Ausweitung der Bewährungshilfe vorsieht, und das neue Universitätsorganisationsgesetz bringt den Universitäten (vormals Hochschulen) mehr Freiheit und mehr Mitbestimmung für die Studenten. Um das alles finanzieren zu können werden eine Mehrwertsteuer eingeführt und die Einkommenssteuer geändert. Gleichzeitig orientiert sich der Schilling an der Deutschen Mark und ist daher teuer und stabil.

Obwohl 1973 die Maul- und Klauenseuche 80000 Tiere dahinrafft und großen Schaden in der Landwirtschaft anrichtet und auf Grund der Rohstoffknappheit kurzfristig der »autofreie Tag« eingeführt werden muss, bekommt Österreich von der »Financial Times« den »Wirtschafts-Oscar« für die »besten allgemeinen Ergebnisse.« Die Modernisierung schreitet voran. 1972 hat Österreich 1,4 Millionen Telefonanschlüsse und rund 1,5 Millionen PKWs. Der Katschbergtunnel wird in nur 500 Arbeitstagen durchgeschlagen und die größte Standseilbahn der Welt wird 1974 in Kaprun eröffnet.

Innenpolitisch macht dem Bundeskanzle vor allem der Streit um die slowenischen **Ortstafeln*** Kummer. Hat sich die ÖVP während der Alleinregierung stark auf Europa konzentriert, öffnet sich Österreich unter Kreisky für die Welt. Als ehemaliger Außenminister mit Staatsvertragserfahrung bringt er 1972 das Freihandelsabkommen mit der EWG (Europäische Wirtschaftsgemeinschaft) unter Dach und Fach.

Beim palästinensischen Terroranschlag am 28. September 1973 bei Marchegg werden drei jüdische Emigranten aus der Sowjetunion und ein österreichischer Zollwachebeamter entführt. Am 21. Dezember 1975 bringen fünf Terroristen neben anderen elf **OPEC** (Organisation Erdöl produzierender Länder)-Minister in ihre Gewalt. Zwei OPEC-Delegierte werden getötet. Die Terroristen, darunter Carlos Illich Ramirez-Sanchez, lassen die österreichischen Geiseln frei und fliegen mit 33 weiteren nach Algier. Abgesehen von diesen beiden Terrorakten ist Österreich ein beliebter Ort hoher Diplomatie. Außenminister Henry Kissinger (USA) und Andrej Gromyko (Russland) treffen sich, um über Probleme der Abrüstung zu reden. US-Präsident Gerald Ford und der ägyptische Staatspräsident Anwar as-Sadat halten einen Nahostgipfel in Salzburg ab. Bei der Nationalratswahl 1975 wird der Kurs der SPÖ von den Wählern erneut bestätigt. Die Ära Kreisky III beginnt.

Wichtige Wörter zur Zeit

Bannmeile

Die Bannmeile bestimmt jenen Platz, der bei Demonstrationen freizuhalten ist. Am 23. Oktober 1968 wird die Bannmeile auf 300 Meter rund um das österreichische Parlament beschlossen. In diesem Umkreis herrscht bei Sitzungstagen im Parlament das Demonstrationsverbot.

Konjunkturspritze

»Mir sind ein paar Milliarden Schilling Schulden lieber als ein paar tausend Arbeitslose.« Mit diesem Satz wird der Bundeskanzler Bruno Kreisky berühmt. Der Staat nimmt Geld in die Hand und kurbelt damit die Wirtschaft an. So geschehen am 5. September 1975, als Finanzminister Hannes Androsch ankündigt, dass die Regierung 4,4 Milliarden Schilling (319 Millionen Euro) für die Stützung der Konjunktur und die Sicherung der Arbeitsplätze einsetzen wird.

Ortstafelstreit

Am 20. September 1972 beginnt die Aufstellung der zweisprachigen Ortstafeln in Kärnten. Künftig tragen Orte einen Doppelnamen. Neben Eisenkappel steht beispielsweise Zelezna Kapla. Österreich hat sich im Staatsvertrag von 1955 für die Umsetzung der Minderheitenrechte verpflichtet. Deutschnationale Kärntner sehen das anders, laufen gegen das Ansinnen Sturm und reißen die Tafeln wieder aus. Als Kreisky die aufgebrachte Menge in Klagenfurt beruhigen will, hagelt es Tomaten und antisemitische Beschimpfungen. In einem Gesetz aus dem Jahr 1976 ist festgelegt, dass bei mindestens 25% Anteil an slowenischen Einwohnern zweisprachige Ortstafeln zu errichten sind. Von 91 Ortschaften in Kärnten, in denen dies der Fall ist, haben etwa 60 diese Tafeln bekommen, den anderen wurden sie verweigert. Wie sehr der Konflikt immer noch schwelt, zeigt die Haltung des Kärntner Landeshauptmanns Jörg Haider sowie von Bundeskanzler Wolfgang Schüssel 2002, die eine neue Entscheidung des Verfassungsgerichtes in Wien, wonach in allen Gemeinden mit mehr als 10% slowenischer Bevölkerung zweisprachige Ortsschilder aufgestellt werden müssen, ignorieren.

Interessanteste Frauen der Zeit

Valie Export, *geboren am 17. Mai 1940,* Künstlerin
Valie Export, deren eigentlicher Name Waltraud Höllerer ist, macht Video-, Film- und Fotokunst und zählt zu den wichtigsten feministischen Künstlerinnen Österreichs. Sie erregt 1956 mit einem fotografischen Selbstporträt Aufmerksamkeit und beschäftigt sich seit 1968 mit konzeptueller Fotografie und aktionistischen Auftritten.

Hertha Firnberg, *18. September 1909–14. Februar 1994,* Politikerin
Sie ist Wirtschafts- und Sozialwissenschafterin und krönt ihre politische Karriere 1970–1983 als Bundesministerin für Wissenschaft und Forschung. In ihre Amtszeit fällt u.a. die Hochschulreform 1975.

Beatrix »Trixi« Schuba, *geboren am 15. Mai 1951,* Sportlerin
Sie ist 1967–72 österreichische Meisterin im Eiskunstlauf, gewinnt 1971 und 1972 den Europa- und Weltmeistertitel und siegt bei den Olympischen Spielen 1972 in Sapporo.

Interessanteste Männer der Zeit

Karl Schranz, *geboren am 18. November 1938,* Skirennläufer
Er ist 1969 und 1970 Weltcup-Gesamtsieger, wird bei den Olympischen Winterspielen 1968 in Grenoble nach Behinderung und Laufwiederholung trotz Bestzeit disqualifiziert und

darf 1972 bei den Olympischen Winterspielen in Sapporo wegen angeblichen Verstoßes gegen die Amateurregel nicht starten. Im Februar 1972 wird Schranz bei seiner Rückkehr nach Österreich dennoch wie ein Sieger empfangen.

Friedrich August von Hayek, *8. Mai 1899–23. März 1992*, Nationalökonom
Hayek bekommt 1974 den Nobelpreis für Wirtschaftswissenschaft und gründet 1927 das Österreichische Institut für Konjunkturforschung (heute: Österreichisches Institut für Wirtschaftsforschung).

Hermann Knaus, *19. Oktober 1892–22. August 1970,* Arzt
Der Kärntner Knaus entwickelt gemeinsam mit dem Japaner Ogino die so genannte Knaus-Ogino-Verhütungsmethode.

1975–1985: Johanna und Konrad

Der Arbeitsbeginn für die Regierung könnte nicht schöner sein. Bei den **XII. Olympischen Winterspielen 1976**, die erneut in Innsbruck ausgetragen werden, gewinnt der Publikumsliebling Franz Klammer in der Abfahrt die Goldmedaille. Im März stellt Anton Innauer einen neuen Skiflugrekord mit 176 m in Oberstdorf auf. Das 56 Meter hohe Konferenzgebäude der neuen **UNO-City** in Wien ist fertig gestellt. In Österreich leben über sieben Millionen Menschen. Der Staat zählt zu den reichsten Ländern der Welt und bei der Lebensqualität erreicht Österreich weltweit den dritten Platz. Die Jugendlichen sind, sieht man von einigen Hausbesetzungen ab, ruhiger geworden.

Der **Sozialstaat** und die von der Politik verordnete »Demokratisierung von oben« werden ausgebaut. Künftig nehmen sich Volksanwälte der Anliegen der Bevölkerung an. War bisher der Vater das »Oberhaupt der Familie«, der über die wesentlichen Entscheidungen befinden konnte, tritt an dessen Stelle das partnerschaftliche Prinzip. Das Kindschaftsrecht sieht gleiche Rechte und Pflichten für beide Elternteile vor. Das Erbrecht für Ehepartner wird neu geregelt. Und weil die Frauen wesentlich weniger verdienen als die Männer, wird 1979 das **Gleichbehandlungsgesetz** verabschiedet, das gleichen Lohn für gleiche Arbeit vorsieht. Die Wirtschaft feiert Superlative. In der VOEST in Linz wird der größte

Hochofen der Welt in Betrieb genommen. Wien ist die sechstteuerste Stadt der Welt, mit Fußgängerzone in der Kärntnerstraße und U-Bahn. Im Linzer Unfallkrankenhaus wird erstmals ein Kniegelenk aus Stahl bei einem Patienten eingesetzt. Ab 1. Dezember 1978 fahren Autos durch den **Arlbergtunnel**, der mit fast 14 Kilometern der längste Straßentunnel der Welt ist.

2,8 Millionen Menschen sind in Österreich beschäftigt. Die Zahl der Arbeitslosen ist gering. Statistisch gesehen hat jeder Arbeiter 7,9 Sekunden gestreikt. Die Wirtschaft, unterstützt durch staatliche Aufträge, blüht und das **Budgetdefizit** steigt auf 50 Milliarden Schilling (ca. 3,6 Milliarden Euro) pro Jahr. Geld, das u. a. durch Steuererhöhungen wieder eingespielt werden muss. Die Zigarettenpreise werden erhöht. Die Tarife der Bundesbahnen steigen, Telefon- und Stempelgebühren werden erhöht. Der Mehrwertsteuersatz steigt bei Luxusgütern auf 30%, die LKW-Steuer wird eingeführt und Steuerbegünstigungen für die Wirtschaft werden abgeschafft. Im September 1977 nehmen Tausende PKW-Fahrer an einer Demonstrationsfahrt in Wien teil. Im Juli 1978 blockieren Frächter die Straßen Österreichs. Und Mitte 1979 macht erneut der ÖVP Bauernbund mobil, um gegen die Agrarpolitik der SPÖ-Regierung zu protestieren. Sieht man von kleinen Zugeständnissen ab, bleibt die Regierung Kreisky hart und gewinnt bei den Nationalratswahlen 1979 erneut die absolute Mehrheit. In die Regierungsmannschaft kommt, mit den Staatssekretärinnen Johanna Dohnal, Anneliese Albrecht, Beatrix Eypeltauer, Franziska Fast und Elfriede Karl, ein Schwung Frauen in die Nähe der politischen Macht.

In der Regierungsperiode von 1979 bis 1983 wird der Gürtel

enger geschnallt. Die **Ölkrisen** 1973 und 1979 lassen die Wirtschaft nur noch langsam wachsen, und weil die Errungenschaften des Sozialstaates und die Vollbeschäftigung erhalten bleiben sollen, steigen das Budgetdefizit und die Zahl der Frühpensionisten. Sieht man von der Ansiedlung des General-Motors-Werk in Wien-Aspern ab, das Arbeitsplätze bringt, beginnt der leuchtende Stern von Bundeskanzler Bruno Kreisky langsam zu sinken. Nach und nach macht sich der Filz bemerkbar und die innenpolitischen Krisen häufen sich. Man könnte den **Einsturz der Reichsbrücke** in Wien am 1. August 1976 als Omen deuten. Ein Jahr später stolpert Verteidigungsminister Karl Lütgendorf über eine Munitionslieferung an den kriegsführenden Staat Syrien, denn Waffenhandel mit Kriegführenden Staaten stellt eine Neutralitätsverletzung dar.

Die größte innenpolitische Niederlage aber muss der durchaus erfolgsverwöhnte Bundeskanzler in Sachen **Atomkraft** einstecken. Am 5. November 1978 kommt es zu einer **Volksabstimmung**, an der 3 Millionen Menschen teilnehmen. Mit einer knappen Mehrheit von 50,47% entscheiden sich die Österreicher gegen die Inbetriebnahme des **Kernkraftwerkes Zwentendorf**. Am tiefsten aber wird Kreisky von dem Skandal um seinen Finanzminister Hannes Androsch getroffen, als dessen Förderer er sich versteht. Bei dem 37 Milliarden Schilling (ca. 2,7 Milliarden Euro) teuren Bau des Wiener Allgemeinen Krankenhauses (AKH) sollen große Schmiergeldbeträge geflossen sein. Die Verflechtung der Steuerberatungskanzlei »Consultatio« von Hannes Androsch in den AKH-Skandal und ein billiger Kredit für seine Privatvilla legen 1981 seinen Rücktritt als Finanzminister nahe, neuer Finanzminister wird Herbert Salcher. Ein schlüssiger Nachweis für Schmiergelder, Par-

teienfinanzierung oder Begünstigung kann nicht erbracht werden. Anders verhält es sich bei dem **Skandal** rund um die burgenländische **Wohnbau-Ost (WBO)**, bei der ebenfalls Parteienfinanzierung und Schädigung von Wohnungswerbern vermutet wird. Im April 1983 werden die Angeklagten verurteilt, darunter auch WBO-Obmann und mittlerweile Ex-ÖVP-Landtagsabgeordneter Ernst Rauchwarter. Die Wirtschaft schlittert in Richtung Talsohle. Die Klimatechnik GmbH von Erwin Tautner meldet das Konkursverfahren an. Das Eumig-Unternehmen wird 1981 aufgelöst. Schließlich muss 1982 auch noch die Verstaatlichte Industrie mit einer Finanzspritze von rund 20 Milliarden Schilling (ca. 1,45 Milliarden Euro) unterstützt werden. Da hilft es nur wenig, dass allerorts Erdöl und Erdgas gefunden werden und die **Österreichische Mineralölverwaltung (ÖMV)** zur Drehscheibe des europäischen Gasverbundes aufsteigt. Die Regierung braucht Geld. Als

Bundeskanzler Bruno Kreisky auf seinem Sommersitz Mallorca laut über eine volle Besteuerung des 13. und 14. Monatsgehaltes nachdenkt, ist sein Stern verglüht. Bei den Nationalratswahlen am 24. April 1983 wird ihm die Rechnung präsentiert. Nach 13-jähriger Alleinregierung verliert die SPÖ die absolute Mehrheit und bildet eine Koalition mit der FPÖ. »Ich möchte von euch allen Abschied nehmen in dem Gefühl echter Freundschaft«, beschließt der charismatische Kreisky seine Rede am SPÖ-Parteitag und tritt ab. An seine Stelle kommt Fred Sinowatz (SPÖ) als Bundeskanzler und für die FPÖ Vizekanzler Norbert Steger.

Gilt die letzte Regierungsperiode von Bruno Kreisky in der Innenpolitik als glücklos, macht er Österreich international zum Nabel der Welt. Hier treffen sich die Wichtigen und Widersprüchlichen der Welt: Ob König Hussein von Jordanien, der südafrikanische Ministerpräsident Johannes Vorster, der ägyptische Staatspräsident Anwar as Sadat, der israelische Oppositionsführer Shimon Peres, der schwedische Sozialistenführer Olof Palme, der Staatsvorsitzende der DDR Erich Honecker, der PLO-Chef Yassir Arafat, der libysche Revolutionsführer Muammar al-Gaddafi oder der französische Ministerpräsident François Mitterrand. Unter Bruno Kreisky öffnet sich für Österreich die Welt. Dabei sind ihm die Entwicklungsländer, der Nahostkonflikt und der Ausgleich zwischen Ost und West ein besonderes Anliegen. Sein größter außenpolitischer Erfolg ist die Unterzeichnung des Waffenabrüstungsvertrages **(SALT II)** 1979 durch die Staatsoberhäupter der Sowjetunion, Leonid Breschnew, und der USA, Jimmy Carter, in Wien. Im selben Jahr wird die UNO-City feierlich an die Vereinten Nationen übergeben. Wien ist damit nach New York und Genf die dritte UNO-Stadt. Auf der Nord-Süd-Gipfelkonferenz in Mexiko 1981 wird der von Kreisky vorgeschlagene »**Marshallplan für die Dritte Welt**« diskutiert. Im Nahost-Konflikt versucht er zu vermitteln, indem er direkte Gespräche mit Israel und der PLO herbeiführt. Insbesondere der **Kuss zwischen Kreisky und Yassir Arafat** und der offizielle Besuch des Revolutionsführers Gaddafi spalten die österreichische Öffentlichkeit. Die einen sehen in der Besuchsdiplomatie wirtschaftliche Vorteile und eine Öffnung Österreichs hin zur Welt. Die anderen meinen, dass gerade diese Öffnung nur Probleme mit sich bringen werde.

1980 explodiert eine Bombe in der Nähe der iranischen Botschaft in Wien. Am 1. Mai 1981 wird der Wiener Stadtrat **Heinz Nittel** vor seinem Wohnhaus durch zwei Schüsse tödlich getroffen. Am 11. Juni 1982 richtet eine Bombe vor dem Haus von Simon Wiesenthal, dem Leiter des jüdischen Dokumentationszentrums in Wien, großen Sachschaden an. Die politischen Zeiten sind gespannt. Das zeigt auch die **Entführung** des Industriellen Walter Michael **Palmers** und von Lotte Böhm 1977, die gegen Lösegeld wieder freikommen.

Sieht man von dem großteils aus dem Nahen Osten und aus Deutschland importierten Terrorismus ab, gibt sich die österreichische Jugend und Bevölkerung als geordnete politische Opposition. Für Aufregung sorgt die nach wie vor unbewältigte Vergangenheit, die sich im März 1977 in einer Schlägerei zwischen 200 rechts- und linksextremen Studenten vor der Wiener Universität entlädt. Das **Dokumentationsarchiv des österreichischen Widerstandes** stellt fest, dass mehr als 40 Vereine »rechts neben der Demokratie« stehen. Von der Polizei allerdings werden gerade diese Gruppen weitgehend augenzwinkernd geduldet.

In Wien wird der ehemalige Schlachthof, die »Arena«, von Künstlern besetzt und zum Ort für große Partys. Im Rahmen der Wiener Festwochen wird die sozialkritische »Proletenpassion« – eine bissige Geschichte über Herrschaft und Unterdrückung – von der Künstlergruppe »Schmetterlinge«, der auch Willi Resetarits angehört, aufgeführt. Am Wiener Naschmarkt sorgt eine junge Gruppe von Architekten für ein begehbares Hutmuseum und eine Fluglibelle mit Tretantrieb. Die Objekte stammen unter anderem von Wolf D. Prix und Helmut Swiczinsky, die später unter dem Namen Coop Himmelb(l)au bekannt werden, sowie von der Gruppe »Missing Link«, der Angela Hareiter, Otto Kapfinger und Adolf Krischanitz angehören. Im Frühjahr 1981 finden einige Besetzungen alter Abbruchhäuser durch Jugendliche statt, die letztlich alle glimpflich verlaufen.

Eigentlich geht es den Österreichern ganz gut. Jeder dritte Österreicher hat einen Telefonanschluss und ein Auto. Nahezu alle haben eine ganz gut bezahlte Arbeit. Der Urlaub wird auf fünf Wochen ausgeweitet. In den Österreichischen Bundesbahnen gibt es Zugtelefone und in einigen Waggons kann man sich Kinofilme anschauen. Der ORF bietet den Teletext an. Die Akupunktur wird eingeführt und das erste Retortenbaby aus der Taufe gehoben. Die Wirtschaftsuniversität öffnet in Wien ihre Pforten. Man trifft sich bei großen Demonstrationen für den Weltfrieden und zeigt sich mit den 21 000 polnischen Flüchtlingen und den aus der Türkei vertriebenen Kurden solidarisch. Der Ausgleich von Kultur und Religionen funktioniert. In Wien wird die erste Moschee errichtet, der Buddhismus wird 1983 als elfte Religion gesetzlich anerkannt und Papst Johannes Paul II. macht Österreich seine Aufwartung.

Nur in einem Punkt scheint die Toleranz wenig ausgereift zu sein. Die Zerstörung der Natur muss ein Ende haben. In den 1980er Jahren formiert sich daher eine breite Bewegung für die Umwelt. Dabei handelt bereits die SPÖ-Alleinregierung in diesem Punkt vorausblickend: In der ersten SPÖ-Alleinregierung ist Ingrid Leodolter Bundesministerin für Gesundheit und Umweltschutz. Am 1. Oktober 1979 tritt das Konsumentenschutzgesetz in Kraft. 1980 führt Österreich die Sommerzeit ein, um Energie zu sparen. Der erste Windkollektor wird 1981 am Dachstein in Betrieb genommen und produziert saubere Energie. 1983 veröffentlicht Umweltschutzminister Kurt Steyrer die »Rote Liste gefährdeter Tiere in Österreich«, ein Jahr später werden das bleifreie Benzin und sauberes Heizöl eingeführt. Als 1984 ein Wasserkraftwerk in Hainburg gebaut werden soll, durchzieht eine Welle der Empörung das Land. Empört sind neben Jugendlichen vor allem prominente Österreicher wie der Nobelpreisträger Konrad Lorenz, der Journalist Günther Nenning und die Journalistin Freda Meissner-Blau. Die Österreichische Gewerkschaft, Arbeiterkammer und Regierung sprechen sich für den Bau des Kraftwerkes aus. Als Ende 1984 unter Polizeischutz die Rodungsarbeiten in der Hainburger Au beginnen sollen, bricht der Konflikt offen aus. Hunderte Aktivisten besetzen die Au und Innenminister Karl Blecha gibt 1000 Gendarmerie- und Polizeibeamtem den Befehl zur Räumung derselben. 48 Demonstranten werden verhaftet, acht Beamte und elf Demonstranten verletzt, ausländische Kamerateams bei ihrer Arbeit behindert behindert.

Das Wasserkraftwerk wird nicht gebaut und Bundeskanzler Fred Sinowatz erleidet seine erste große innenpolitische Niederlage.

WICHTIGE WÖRTER ZUR ZEIT

Atomkraft - nein, danke!

Staaten, die etwas auf sich halten, bauen in den 1970er Jahren große Betonbunker und produzieren mit Hilfe von Kernspaltung und Uranbrennstäben vergleichsweise billige Energie, die damals als umweltfreundlich gilt. Über die Entsorgung der radioaktiven atomaren Rückstände macht man sich bis zum Supergau im sowjetischen Kernkraftwerk Tschernobyl 1986, der zur flächendeckenden Zerstörung der umliegenden Natur führte, nur wenig Gedanken. Auch Österreich baut an einem rund vier Milliarden Schilling (ca. 291 Millionen Euro) teuren Atomkraftwerk in Zwentendorf. Die SPÖ befürwortet die Atomenergie, die ÖVP spricht sich dagegen aus. Ende 1978 kommt es zur ersten Volksabstimmung in Österreich, in der sich die Bevölkerung gegen das Atomkraftwerk Zwentendorf ausspricht. Übrigens: Die Internationale Atomenergie Organisation (IAEA), die sich um die Kontrolle kerntechnischer Anlagen und um den Atomwaffensperrvertrag kümmert, hat ihren Sitz seit 1957 in Wien.

Gastarbeiter

Österreich zählt zu den wirtschaftlich aufstrebenden Ländern der Welt. Bis Ende der 1970er Jahre finden alle Österreicher, die arbeiten wollen, eine gute Beschäftigung. Weil viel Arbeit vorhanden ist, kommt es seit den 1960er Jahren zur Anwerbung von Arbeitern, vorzugsweise im benachbarten Ausland. Für die heimische Wirtschaft haben die Gastarbeiter, wie sie genannt werden, gleich mehrere Vorteile: Sie sind in der Regel billiger als inländische Beschäftigte und dankbar, dass sie in Österreich leben und arbeiten können. 1963 arbeiten 15000 zu Gast in Österreich, in der Mehrzahl jugoslawische, italienische und türkische Staatsbürger. 1984 sind es über 154000. Blöd für die Gastarbeiter ist nur, dass sie lange Zeit zwar genauso hohe Steuern zahlen wie die inländischen Arbeiter, gleichzeitig aber weder wählen dürfen noch arbeitslosen- und pensionsversichert sind.

Saurer Regen

1983 gibt Landwirtschaftsminister Alfons Haiden bekannt, dass 120000 ha Wald durch sauren Regen nachträglich geschädigt sind. Schuld am sauren Regen sind Schwefel- und Stickstoffoxide, die bei der Verbrennung von Öl (Industrieanlagen) und Kohle (Kohlekraftwerke) entstehen. Die giftigen Stoffe gelangen in die Atmosphäre, verbinden sich mit den dort umherfliegenden Wassertröpfchen, fallen als Säure wieder auf die Erde zurück und zerstören Pflanzen und Gebäude.

Interessanteste Frauen der Zeit

Johanna Dohnal, *geboren am 14. Februar 1939,* Politikerin
Sie ist die erste Bundesministerin für Frauenangelegenheiten (1990–1995) und versucht während ihrer langen politischen

Karriere durch Gesetze und gezielte staatliche Förderung die Gleichbehandlung der Frau in der Praxis durchzusetzen.

Erika Pluhar, *geboren am 28. Februar 1939,* Künstlerin
Sie ist Kammerschauspielerin, Sängerin, Schriftstellerin. Zwischen 1959 und 1999 Ensemblemitglied des Burgtheaters und unter dem Direktor Benning die meistbeschäftigte Schauspielerin.

Annemarie Moser-Pröll, *geboren am 27. März 1953*
Als begnadete Skirennläuferin erringt Annemarie Moser-Pröll 63 Siege bei Weltcuprennen und 6 Gesamt-Weltcupsiege (1971–75, 1977). Sportlicher Höhepunkt ist die Goldmedaille bei den Olympischen Spielen 1980 in Lake Placid.

Interessanteste Männer der Zeit

Konrad Lorenz, *7. November 1903–27. Februar 1989*
Konrad Lorenz ist Mitbegründer der vergleichenden Verhaltensforschung, Nobelpreisträger für Medizin 1973 für die Entdeckung der Prägung an der Graugans und unterstützt 1984/85 das nach ihm benannte »Konrad-Lorenz-Volksbegehren« gegen das Kraftwerk Hainburg.

Oskar Werner, *13. November 1922–23. Oktober 1984*
Oskar Werner, mit bürgerlichem Namen Josef Bschließmayer, spielt in Filmen (Das Narrenschiff, 1965) wie auf allen großen Bühnen Europas und betört das Publikum mit seiner ausdrucksstarken Stimme und Wortmelodik.

Nikolaus (Niki) Lauda, *geboren am 22. Februar 1949*
Erfolgreichster Autorennfahrer Österreichs und Gründer einer eigenen Fluglinie. 1984 wird er auf McLaren zum dritten Mal Formel-1-Weltmeister. Insgesamt gehen 25 Grand-Prix-Siege auf sein Konto.

1985–1995: Freda und Franz

Die erstarkende **Umweltbewegung** mündet in der Gründung der »Grünen« als neue politische Partei. Die **Stahlkrise** in der VOEST-ALPINE STAHL AG führt zu enormer staatlicher Belastung und zunehmende Arbeitslosigkeit drückt auf den Schultern des Bundeskanzlers Fred Sinowatz (SPÖ). Als bei der Bundespräsidentenwahl 1986 erstmals ein ÖVP-Kandidat das Rennen macht, wirft Sinowatz entnervt das Handtuch. Die **kleine Koalition** von SPÖ und FPÖ dauert nur drei Jahre und ist insgesamt glücklos. Die Ära Sinowatz ist überschattet vom größten Versicherungsbetrug Österreichs, der als **Fall »Lucona«*** in die heimische Geschichte eingeht, und den illegalen Waffengeschäften der **Firma »Noricum«**. In beiden Fällen sind Politiker mitverwickelt. Der Ankauf der Abfangjäger des Typs Draken spaltet die Bevölkerung und seit dem **Weinskandal** 1985 kämpfen Tausende Weinbauern ums wirtschaftliche Überleben.

Die Generation der Glücklosen wird von der großen Zeit der politischen Aufsteiger abgelöst. An die Stelle von Fred Sinowatz tritt sein Finanzminister Franz Vranitzky als neuer Bundeskanzler. Der politische Star aber ist Jörg Haider, der vom Kärntner Parteiobmann zum Oppositionsführer aufsteigt und die FPÖ von einer Minipartei zur aufstrebenden Mittelpartei macht. Er wettert gegen Ausländer, lobt die »ordentliche Beschäftigungspolitik« der Nazis, sieht in Österreich »eine ideologische Missgeburt«, steht auf den »braven Österreicher« und kündigt den Parteibonzen den Kampf an, die Steuergelder in die eigene Tasche schaufeln. Am FPÖ-Bundesparteitag im September 1986 hebelt Haider den damaligen Vizekanzler Norbert Steger aus und putscht sich an die Spitze der FPÖ. Bundeskanzler Franz Vranitzky reagiert und kündigt die Koalition mit der FPÖ auf. Bei den vorgezogenen Nationalratswahlen im November 1986 verdoppelt die FPÖ ihre Wählerstimmen auf über 9%. Der »Grünen Alternative – Liste Meissner-Blau« gelingt der Einzug ins Parlament und die beiden Großparteien SPÖ und ÖVP verlieren und gehen in eine große Koalition, die bis 1999 bestehen bleibt.

Wirtschaftlich gesehen geht es den Menschen ganz gut. Zwischen 1970 und 1986 steigen die Gehälter der Industriebeschäftigten um 292% und die in der Landwirtschaft um 245%. Das durchschnittliche Monatseinkommen der Industriebeschäftigten liegt bei 1500 Euro, das Einkommen in der Landwirtschaft bei 750 Euro im Monat. Lebten um die Jahrhundertwende vier Personen in einem Haushalt, so sind es jetzt nur noch zwei. An die Stelle der Großfamilie tritt die Kleinfamilie, die genauso viel Platz in Anspruch nimmt. Die Kinderanzahl liegt bei nicht ganz zwei pro Familie und statistisch gesehen verfügt jeder Bewohner zumindest über ein eigenes Zimmer. Das Dreigestirn Eigenheim – Auto – Fernseher setzt sich endgültig durch. Persönliche Kontakte werden über das Telefon gepflegt. Jede dritte Ehe wird geschieden und die Zahl der Singles, die ohne Partner leben, steigt. »Reich und schön«, so heißt auch der Titel einer beliebten Fernsehserie, sollte jeder sein. Körperliche Fülle, einst ein Zeichen für Wohlstand, ist mittlerweile ungustiös. Der neue Körperkult setzt auf

Schlankheit, Bräune und guten Duft. Fitnessvideos überschwemmen den Markt, man schwitzt sich am Hometrainer den durchtrainierten Körper herbei und schleppt sich anschließend ins Sonnenstudio, um sich die ganzjährige knackige Bräune zu erhalten. Vorbilder gibt es viele, sei es der nach Amerika emigrierte Mister Universum und mittlerweile als »Terminator« bekannte **Arnold Schwarzenegger** oder Ulla Weigerstorfer, die 1987 zur schönsten Frau der Welt gekürt wird.

Viele sehen in der sexuellen Befreiung die Ursache für die tödliche Viruserkrankung **AIDS**, die vor allem beim Geschlechtsverkehr übertragen werden kann. Bis 1992 sind in Österreich 696 Menschen an AIDS erkrankt, davon sind 386 gestorben. Die Kirche sieht die Moral in ernsthafter Gefahr und antwortet mit Strenge. An die Stelle der Öffnung tritt die strenge katholische Glaubenslehre, die voreheliche Sexualität verteufelt und Frauen die Möglichkeit zum Priesteramt verwehrt. In Österreich sorgen die Bischöfe Georg Eder, Klaus Küng und Kurt Krenn für kirchliche Ordnung. Diese Verengung hat auch kulturelle Auswirkungen. So darf »Das Gespenst«, ein Film von Herbert Achternbusch, wegen Herabwürdigung der religiösen Gefühle nicht aufgeführt werden. Obwohl Österreich zu den zehn reichsten Ländern der Welt zählt, besteht die ungleiche Verteilung des Wohlstands weiterhin. 1989 leben 430000 Menschen an der Armutsgrenze, die Mehrheit von ihnen sind Frauen.

Trotzdem gibt es einige Frauen, die Karriere machen. Mit Freda Meissner-Blau stellt sich 1986 erstmals eine Frau zur Wahl um die Bundespräsidentschaft. Marga Hubinek arbeitet in der großen Koalition ab 1986 als Zweite Nationalratspräsidentin und Heide Schmidt zeigt politische Courage, verlässt 1993 die FPÖ und gründet mit vier weiteren ehemaligen FPÖ-Abgeordneten die neue Partei »**Liberales Forum**«. Frauen holen auf, das ist auch an der Anzahl der Studentinnen an den Universitäten, die erstmals die 50%-Marke überschreitet, erkennbar. In Nadelstreif, das Kennzeichen für erfolgreiche Aufsteiger, die man übrigens **Yuppies** (von young urban professional, also junger städtischer Berufstätiger) nennt, sind sie selten anzutreffen. Ganz anders der neue Bundeskanzler. Als ehemaliger Bankmanager und vorzüglicher Golf- wie Basketballspieler zeigt sich Franz Vranitzky gerne im Nadelstreif. In großer Koalition mit der ÖVP, geht er mit Alois Mock eine Sanierungspartnerschaft ein. Die Zahlen sind alarmierend. Bereits 1985 überschreiten die Staatsschulden die Billionengrenze. Jetzt wird gespart. Die Heiratsbeihilfe wird abgeschafft, es finden keine Gehaltserhöhungen statt, die Hälfte der frei werdenden Dienststellen wird nicht mehr nachbesetzt, Überstunden müssen abgebaut werden und alle, die in Pension gehen, erhalten unterm Strich weniger Geld. Auf Grund der rigorosen Sparmaßnahmen gehen alleine in der Verstaatlichten Industrie 20000 Arbeitsplätze verloren. Gleichzeitig hat Österreich laut

Weltgesundheitsorganisation 3000 Ärzte zu viel. Rund 40000 Jugendliche sind arbeitslos. Der **Fall des Eisernen Vorhangs*** zu Osteuropa und die kriegerischen Auseinandersetzungen in Jugoslawien lassen 1993 die Zahl der Ausländer auf 582000 steigen. Um die Wirtschaft anzukurbeln werden unternehmensfreundliche Maßnahmen gesetzt, Lohn-, Einkommenssteuer, Körperschaftssteuer und Gewerbesteuer gesenkt. »Wer Visionen hat, braucht einen Arzt«, meint Bundeskanzler Vranitzky pragmatisch und verzichtet in seiner Politik weitgehend auf sozialistische Akzente. Mit ein Grund, warum es ihm gelingt, die vielen Skandale und Affären ohne nachhaltige Kratzer zu überstehen. 1989 treten Leopold Gratz (SPÖ) und Karl Blecha (SPÖ) wegen der Lucona-Affäre von ihren politischen Ämtern zurück. Der steirische Arbeiterkammerpräsident Alois Rechberger (SPÖ) verlässt seine Funktion wegen seiner Mehrfachbezüge und -pensionen und wird 1990 aus der SPÖ ausgeschlossen. Das Büro des Verteidigungsministers Robert Lichal (ÖVP) wird im Zusammenhang mit einem Munitionsgeschäft des Bundesheeres mit der Schweizer Firma Oerlikon gerichtlich durchsucht. Sexistische Ausfälle von Paul Burgstaller (ÖVP) gegen Terezija Stoisits führen zu seinem Rücktritt.

Österreich hat aber auch besondere Leistungen vorzuzeigen. Der Kartograf Wolfgang Pillewitzer findet einen weiteren 3000er. Österreich hat nun 101 Berge, die über 3000 Meter hoch sind. Im Salzburger Landeskrankenhaus pflanzt Felix Unger 1986 einer Patientin erstmals in Europa ein Kunstherz ein. Karl Altmann gewinnt 1987 die Pflüger-Weltmeisterschaft. Peter Seisenbacher ist weltbester Judoka und Petra Kronberger mausert sich zur besten Skirennläuferin der neuen Dekade.

Dass das Regieren nicht gerade ein Honiglecken werden

würde, zeigte schon die Wahl von Kurt Waldheim zum Bundespräsidenten in Juni 1986. Der ehemalige UNO-Generalsekretär Waldheim gerät wegen seiner Vergangenheit im Zweiten Weltkrieg in Jugoslawien und seiner Mitgliedschaft bei der SA-Reiterschaft und beim NS-Studentenbund in Turbulenzen. Waldheim kann sich »an nichts mehr erinnern«. 1987 wird Waldheim vom US-Ministerium auf die »**Watchlist**« gesetzt. Waldheim gilt als unerwünschte Person und die private Einreise in die USA ist ihm verweigert. Waldheim bleibt ein einsamer Bundespräsident. Und Österreich setzt sich erstmals intensiver mit seiner jüngeren Geschichte auseinander. Als der rechts-konservative bayrische Ministerpräsident Franz Josef Strauß den Opernball 1987 besucht, kommt es zu Ausschreitungen. Die Uraufführung des Theaterstückes »**Heldenplatz**« von Thomas Bernhard* erfolgt am Wiener Burgtheater 1988 und der Autor wird als »Nestbeschmutzer« beschimpft. 1989 kommt es bei der **Anti-Opernball-Demo** zu einer Straßenschlacht mit über 50 Verletzten.

Bei den Nationalratswahlen 1990 verdoppelt die FPÖ erneut auf fast 17% der Wählerstimmen. Die SPÖ kann ihre Mandate halten und die ÖVP verliert. In der großen Koalition Vranitzky II landet der Bundeskanzler einen innen- wie außenpolitischen Achtungserfolg. 46 Jahre nach Ende des Zweiten Weltkrieges, am 8. Juli 1991, entschuldigt sich Bundeskanzler Franz Vranitzky für »die bösen« Taten unseres Volkes »bei den Überlebenden und bei den Nachkommen der Toten«. Zwei Jahre später stattet Vranitzky als erster österreichischer Bundeskanzler Israel einen offiziellen Besuch ab.

1992 wird das **Gleichbehandlungspaket**, das zur Chancengleichheit von Frau und Mann führen soll, verabschiedet. Der mit dem höchsten internationalen Architekturpreis, dem Pritzker-Preis, ausgezeichnete Hans Hollein errichtet das **Haas-Haus** gegenüber dem Stephansdom in Wien. Österreich exportiert jährlich rund 3,3 Millionen Paar Ski und beherrscht die Hälfte des Weltmarktes. 1992 werden die Roma und Sinti als Volksgruppe anerkannt. Die Höchstgrenze ausländischer Arbeitskräfte wird auf 8% gesenkt. Peter Turrinis »Alpenglühen« erstrahlt 1993 im Wiener Burgtheater und ein Jahr später ist der Hollywood-Regisseur Steven Spielberg bei der Premiere von »Schindlers Liste« im Wiener Gartenbaukino anwesend.

Bei der Nationalratswahl am 10. Oktober 1994 verlieren SPÖ und ÖVP, während die FPÖ unter Jörg Haider gewinnt. Die Politik steht im Zeichen des österreichischen Beitritts zur Europäischen Union. Der Antrag zum Beitritt reicht bis 1989 zurück. Vier Jahre später beginnen die **Verhandlungen mit der EU**. Am 2. März 1994, nach vier Tagen andauernden Verhandlungen ist es so weit. Die Transitfrage ist geklärt, die österreichischen Landwirtschaftsprodukte müssen künftig billiger verkauft werden, und weil Österreich ziemlich reich ist, zählt das Land zu den Nettozahlern der Union und muss 12 Millionen Schilling (ca. 872000 Euro) pro Jahr als Mitglied berappen. Außenminister Alois Mock (ÖVP) ist verzückt, küsst Staatssekretärin Brigitte Ederer (SPÖ) und lässt sich, wieder zurück in Wien, als Mister Europa feiern. Jetzt trennen Österreich nur noch einige Formalitäten von dem großen innen- und außenpolitischen Schritt. Die Verabschiedung des EU-Beitritts erfolgt am 5. Mai im Nationalrat. In der Volksabstimmung vom 12. Juni bejahen zwei Drittel der österreichischen Bevölkerung den Beitritt. Am 1. Jänner 1995 ist Österreich Mitglied der Europäischen Union.

WICHTIGE WÖRTER ZUR ZEIT

Weinskandal

Die Beamten ringen nach Luft und ein taubes Gefühl bemächtigt sich ihrer Körper. Am 24. April 1985 findet eine Untersuchung burgenländischer Weine statt. In den folgenden Wochen werden über zwei Millionen Liter Wein beschlagnahmt, weil dem Wein Diäthylenglykol beigemengt ist. Diese Kombination aus Wein und Frostschutzmittel kann sogar zu Schädigungen der inneren Organe führen. Da hilft es nur wenig, dass Österreich ein halbes Jahr später das strengste Weingesetz der Welt einführt. Die Exporte sinken praktisch auf Null, 53000 österreichische Weinbautreibende müssen sich überlegen, wie sie den Skandal wirtschaftlich überleben.

Eiserner Vorhang

Seit dem Ende des Zweiten Weltkrieges ist Europa in zwei Hälften geteilt. Im Westen herrscht die Demokratie und die meisten Staaten sind Teil der NATO, des nordatlantischen Verteidigungsbündnisses. Im Osten herrscht der Staatssozialismus unter dem Einfluss der Sowjetunion und die osteuropäischen Staaten sind Teil des Warschauer Paktes. Diese beiden Hälften trennen entweder dicke Mauern wie die Berliner Mauer, die Berlin in eine ost- und eine westdeutsche Hälfte teilt, oder elektrische Stacheldrahtzäune, die Ungarn und die damalige Tschechoslowakei vom neutralen Österreich trennen. Mit Gorbatschow regiert in den 1980er Jahren ein gemäßigter Kommunist die UdSSR, der eine Politik der Öffnung betreibt. Im Mai 1989 beginnen ungarische Soldaten mit dem Abbau der Stacheldrahtzäune, auch Eiserner Vorhang genannt. Am 17. Dezember treffen sich die Außenminister Jiri Dienstbier und Alois Mock (ÖVP) an der tschechischen Grenze und zerschneiden den Zaun. Mit dem Ende des Kommunismus werden übrigens 1992 die Symbole von Sozialismus und Arbeiterschaft, Hammer und Sichel, aus dem österreichischen Staatswappen entfernt. Und der Mittelpunkt Europas liegt nicht in Österreich, sondern rund 20 km nördlich der litauischen Hauptstadt Wilna.

Der Fall Lucona

Mit 212 Millionen Schilling (15,4 Millionen Euro) ist der Lucona-Skandal der größte Versicherungsbetrug Österreichs mit Todesfolge für sechs Besatzungsmitglieder. Er ereignet sich auf dem Schiff Lucona, das mit einer Uranerzmühle beladen ist und durch eine Detonation im Indischen Ozean versinkt. Einer der prominenten Schiffsinhaber ist Udo Proksch, Besitzer der Dehmel-Konditorei und mit besten Kontakten zur SPÖ. Für Justizminister Harald Ofner ist »die Suppe zu dünn«. Erst der parteilose Justizminister Egmont Foregger gibt 1988 grünes Licht für die Anklageerhebung. Wenig später wird Udo Proksch verhaftet, verurteilt und stirbt in Haft.

INTERESSANTESTE FRAUEN DER ZEIT

Maria Schaumayer, *geboren am 7. Oktober 1931*
Schaumayer ist Wirtschaftswissenschafterin und Politikerin der ÖVP. Zwischen 1990 und 1995 ist sie Präsidentin der Oesterreichischen Nationalbank. Im Jahre 2000 wird sie zur Regierungsbeauftragten für die Entschädigung der NS-Zwangsarbeiter berufen.

Marlene Streeruwitz, *geboren am 28. Juni 1950*
Als Schriftstellerin wird sie mit ihren desillusionierenden Dramen »Waikiki-Beach« (1992), »Ocean Drive« (1994) oder mit ihrem späteren Roman »Lisas Liebe« (1997) gefeiert.

Karin Katharina Brandauer, *14. Oktober 1945–13. November 1992,* Drehbuchautorin und Regisseurin
Sie wirkt bei mehr als 40 Fernsehproduktionen im In- und Ausland mit, darunter auch »Abschied von Sidonie« (1991). Sie ist mit dem Burgschauspieler Klaus Maria Brandauer verheiratet, der als Filmschauspieler u. a. mit »Mephisto« internationale Bekanntheit erlangt.

INTERESSANTESTE MÄNNER DER ZEIT

Franz Viehböck, *geboren am 24. August 1960*
Als Elektrotechniker beteiligt er sich am gemeinsam mit der Sowjetunion durchgeführten Raumfahrtprojekt Austromir und verbringt die Zeit vom 2. bis zum 10. Dezember 1991 mit sowjetrussischen Kosmonauten im Weltall.

Thomas Bernhard, *9. Februar 1931–12. Februar 1989*
Bernhard ist Dramatiker und Lyriker und macht durch pointierte Österreichkritik von sich reden. Am bekanntesten ist sein Drama »Heldenplatz« (1988), in dem er den Antisemitismus in Österreich thematisiert. In seinem Testament verbietet Bernhard die Aufführung seiner Bühnenwerke und Drucklegungen in Österreich.

Erwin Ringel, *27. April 1921–28. Juli 1994,* Arzt
Ringel ist Tiefenpsychologe sowie Facharzt für Psychiatrie und Neurologie. Er baut 1948 das erste Selbstmordverhütungszentrum auf. Über den fachlichen Bereich hinaus werden seine Werke »Die österreichische Seele« (1984) und »Zur Gesundung der österreichischen Seele« (1986) bekannt und heftig diskutiert.

1995–2005: Elfriede und Wolfgang

Erdäpfel oder Kartoffel, Obers oder Sahne, der Beitritt zur Europäischen Union geht den Österreichern durch den Magen. Zu Beginn der **EU-Mitgliedschaft** ist die Aufregung um die österreichische Bezeichnung für Nahrungsmittel groß. Über 20 Begriffe setzen sich durch, darunter die österreichischen Marillen. Schließlich ist Österreich mit seinen Produkten der **»Feinkostladen Europas«**, wie Franz Fischler, der EU-Kommissar für Landwirtschaft nicht müde wird zu werben. Insgesamt wird das Leben einfacher. Bei Reisen ins befreundete EU-Land fallen die lästigen Passkontrollen weg und mit der offiziellen Einführung der Euro-Währung in Österreich am 1.1.2002 weiß man auch in Italien, ob der Cappuccino genauso viel kostet wie die heimische Melange. Wirklich große Freude haben die Österreicher mit der Europäischen Union nicht, das zeigt auch das Ergebnis der Wahl im Juni 2004. Lediglich 42% der wahlberechtigten Bevölkerung gehen zur Urne. Die SPÖ

gewinnt. Die »Liste Dr. Hans-Peter Martin – für echte Kontrolle in Brüssel« bekommt fast 14% der Stimmen. Hans-Peter Martin wettert vor allem gegen die hohen Spesen der EU-Politiker. Die Österreicher haben zudem den Eindruck, dass mit dem Euro alles teurer geworden ist.

Teuer fühlen sich auch die ersten Jahre nach dem EU-Beitritt an. Sparen ist angesagt. Bei den vorgezogenen Nationalratswahlen im Dezember 1995 gehen SPÖ und ÖVP als Sieger hervor und bilden erneut eine Koalition. Franz Vranitzky (SPÖ) und Wolfgang Schüssel (ÖVP) beschließen ein Sparpaket. Steuern- und Abgaben werden erhöht, außerdem gibt es ab 1997 die Autobahngebühr. Sie ist nur wenig beliebt und die Einführung der **Vignette** – so heißt das Autobahnpickerl – ist voller Pannen. Zu wenige Vignetten werden gedruckt, und wenn man eine bekommt, dann klebt sie nicht richtig. Zu lachen haben auch die Beamten nur wenig. Ihre Gehälter werden eingefroren und ihre Zahl soll um über 10000 verkleinert werden. Notstandshilfe und das Karenzgeld für Alleinerzieher werden gekürzt. Das Sparpaket kostet jeden Österreicher 4500 Euro pro Jahr. Firmen wie Unilever oder Semperit wandern in billigere Produktionsländer wie die Tschechische Republik aus. OMV (Österreichische Mineralölverwaltung) und Post entlassen Mitarbeiter. 1997 überschreitet die Zahl der Arbeitslosen zeitweise die 300000-Marke. Eine Maßnahme gegen die Arbeitslosigkeit ist die Reform des Ausländerrechtes und die Verschärfung des **Asylverfahrensrechtes**. Die jährliche Zuwanderung von 16000 Menschen soll auf 6000 gesenkt werden. Neben den Ausländern sind es Frauen, die als Erste den Arbeitsplatz verlieren, zudem verdienen sie für die gleiche Arbeit fast 40% weniger als Männer. Eine Gruppe rund um die Journalistinnen Elfriede

Hammerl, Eva Rossmann, Traude Kogoj, die Psychologin Elfriede Pölzlbauer und die Künstlerin Barbara Klein initiiert 1997 das erste **Frauenvolksbegehren** in der Geschichte Österreichs, das 645 000 Menschen unterschreiben. Von den elf Forderungen werden von der Regierung zwei umgesetzt. Neben den Sparmaßnahmen ist es der Streit um den Anbau und die Zulassung von gentechnisch manipulierten Pflanzen, der die Öffentlichkeit spaltet. Das »**Gentechnikvolksbegehren**« bringt eine Zustimmung von 1,2 Millionen Unterschriften und führt zur Auszeichnung auf der Produktverpackung.

Bedroht aber fühlen sich die Österreicher durch eine Serie von Bombenanschlägen. Zwischen Dezember 1993 und November 1996 werden 25 Briefbomben per Post an Österreicher verschickt, die entweder einer Minderheit angehören oder sich für die Rechte der Minderheiten einsetzen. Neun Personen werden schwer verletzt, darunter die ORF-Mitarbeiterin in der Minderheitenredaktion Silvia Meixner und Wiens Bürgermeister Helmut Zilk. **Rohrbomben** gehen in Oberwart, Stinatz und Klagenfurt in die Luft und kosten vier Menschen das Leben. Der Täter bleibt jahrelang unentdeckt. Letztlich ist es eine Routinekontrolle, als am 1. Oktober 1997 zwei Gendarmen in der Südsteiermark ein Auto anhalten. Als der Fahrer aussteigt, explodiert eine Bombe in seinen Händen und reißt diese weg. Franz Fuchs wird als **Briefbomber** entlarvt, zu lebenslanger Haft verurteilt und verübt im Jahr 2000 Selbstmord. Der Staat reagiert. Um Täter wie das »Bombenhirn« Franz Fuchs oder den Serienmörder Jack Unterweger schneller zu finden, kommen verstärkt Genanalysen und die flächendeckende Fahndung zur Anwendung. Datenschützer sehen in der so genannten **Rasterfahndung** eine Aushöhlung der persönlichen Freiheit. **Datenmissbrauch** führt auch bei der FPÖ zu großen Turbulenzen. Im Herbst 2000 enthüllt Josef Kleindienst, einst Polizeigewerkschafter der FPÖ, Spitzeldienste für führende FPÖ-Politiker getätigt zu haben. Gegen Bares wurden laut Kleindienst Daten aus dem Polizeicomputer gezogen, um für die politische Arbeit verwendet zu werden. Ins Gerede kommt unter anderem FPÖ-Chef Jörg Haider. Die Verfahren gegen die meisten FPÖ-Politiker werden eingestellt. An der Spitze der Justiz steht der parteilose Minister Dieter Böhmdorfer, seines Zeichens ehemaliger Anwalt der FPÖ.

Datenmissbrauch ist die Kehrseite der weltweiten Vernetzung. Ihre Butterseite zeigt sich in den Wohnungen der Österreicher: Personalcomputer, DVD-Player und das Internet. 1970 stehen 500 supergroße EDV-Anlagen in Österreich. 1985 wird Informatik als Pflichtfach an den höheren Schulen eingeführt. 1996 haben 14% aller Österreicher einen Zugang zum Internet, heute sind es mehr als die Hälfte. Österreich ist »**online**« und das Leben verändert sich. Das Telefon wird durch das Handy abgelöst, die Spiegelreflexkamera durch die Digitalkamera, das Brettspiel durch das Computerspiel und die Pizza wird immer häufiger online bestellt. Das akustische Gitarrenspiel der Austro-Poper macht dem DJ-Mix von Peter Kruder und Richard Dorfmeister Platz. Der Underground produziert Computeranimationen und blechernen Sound, der ORF spielt »Die Sendung ohne Namen« und »Echt Fett«. Alles ist schnell, schräg und spaßig, auch die Kabarettszene, die mit Alfred Dorfer, Josef Hader, Lukas Resetarits und Roland Düringer der österreichischen Gesellschaft die Ehre erweist.

Zur Frage der Ehre wird die Angelobung der neuen Regierung im Jahre 2000, die erstmals durch den unterirdischen

Gang in die Kanzlei des Bundespräsidenten Thomas Klestil gehen muss. Bei der Nationalratswahl im Dezember 1999 verlieren SPÖ und ÖVP, während die FPÖ in der Stimmenanzahl die ÖVP überholt. Die ÖVP bildet eine Koalition mit der rechtspopulistischen FPÖ unter Jörg Haider. Teile der Bevölkerung, viele Künstler und Wissenschaftler sind schockiert. Bundespräsident Thomas Klestil meint, sollte er die Regierung angeloben, so »nicht aus persönlicher Überzeugung«. Am Tag der Regierungsangelobung im Februar 2000 setzen 14 EU-Staaten Sanktionen gegen Wien, und Israel beruft seinen Botschafter zurück. Tausende Menschen demonstrieren, 53 Polizisten werden verletzt, es kommt zu 17 Festnahmen. »Passen Sie mir auf unser Land auf«, meint der damalige Bundeskanzler Viktor Klima (SPÖ) und nimmt seinen Hut.

In den Ministerien herrscht Chaos, Computerkabel werden herausgerissen, es gibt keine geordnete Übergabe. Unbeirrt beginnen Bundeskanzler Wolfgang Schüssel (ÖVP) und Vizekanzlerin Susanne Riess-Passer (FPÖ) ihre Arbeit. In der Außenpolitik durch die EU-Sanktionen isoliert tritt die Koalition nach innen als Reformregierung auf. Das gesetzliche Pensionsalter wird um Jahre hinaufgesetzt, Studiengebühren an den Universitäten eingeführt, Steuern erhöht, das Sozialversicherungssystem umgekrempelt und staatliche Unternehmen privatisiert. Der Shooting-Star ist der junge, smarte Finanzminister Karl-Heinz Grasser (FPÖ), der als »Mister Nulldefizit« die Herzen der Bevölkerung erobert. Er will keine zusätzlichen Staatsschulden anhäufen und es gibt keinen öffentlichen Bereich, der vom Sparstift verschont bleibt. Österreich befindet sich auf den Beinen. Jeden Donnerstag ziehen in Wien Tausende mit Transparenten gegen die Regierung. Im April 2002 unterschreiben 717000 Menschen das Volksbegehren gegen Sozialabbau. Es kommt zu Arbeitsniederlegungen bei der voestalpine AG, weil dem Unternehmen fast gänzlich die Privatisierung droht, und die Eisenbahner treten im Herbst 2003 in den Generalstreik, weil die ÖBB reformiert werden sollen. Meilensteine der ÖVP-FPÖ Koalition sind die **NS-Zwangsarbeiterregelung** mit einer Entschädigung von über 400 Millionen Euro für die im Zweiten Weltkrieg zur Zwangsarbeit gezwungenen Menschen, und die Sterbekarenz, die es Angehörigen ermöglicht, ihre todkranken Familienmitglieder zu betreuen.

Für außenpolitische Aufregung sorgt Jörg Haider, als er im Frühjahr 2002 in den Irak fährt, um den Diktator Saddam Hussein die Hand zu schütteln. Er mischt auch in der Innenpolitik kräftig mit und lässt Teile der eigenen Regierungsmannschaft am »**Knittelfelder Parteitag**« im September 2002 auflaufen. Vizekanzlerin Susanne Riess-Passer tritt zurück. Es kommt zu Neuwahlen. Bei der Nationalratswahl im November 2002 erringt die ÖVP mit 42% der Stimmen einen Erdrutschsieg, die Stimmen der FPÖ werden halbiert. Ende Februar kommt es zu einer Neuauflage der ÖVP/FPÖ Regierung, nachdem nächtelange Gespräche mit den Grünen zu keiner Einigung führen. Auf der politischen Tagesordnung stehen die schrittweise Abschaffung der Frühpensionen, die Anschaffung der Abfangjäger und die Zusammenlegung von Gendarmerie und Polizei. Die Kirche hat schon bessere Zeiten erlebt und kämpft mit weiteren Kirchenaustritten. Im Herbst 2004 muss der bekannteste Bischof Österreichs, Kurt Krenn, seinen Sessel räumen, nachdem bei seinen Priesterseminaristen kinderpornografische Materialien gefunden und homosexuelle Praktiken in seinem engsten Beraterkreis ruchbar geworden sind.

Das letzte Jahrzehnt ist ein Jahrzehnt der Katastrophen. Am 17. Juli 1998 kommt es in **Lassing** zu einem Grubenunglück, bei dem zehn Kumpels bei der Rettung eines Bergarbeiters ums Leben kommen. Am 23. Februar 1999 töten zwei riesige Staublawinen 39 Menschen in **Galtür**. Am 11. November 2000 geht die Kitzsteinhorn-Bahn in **Kaprun** in Flammen auf, 155 Menschen sterben. Im August 2002 überschwemmt Hochwasser das Land. Die Wirtschaft ist flau. Ende 2004 liegt die Arbeitslosigkeit bei 209 000.

In Österreich leben über 8 Millionen Menschen. Österreich ist das achtreichste Land der Welt.

Bei der PISA-Studie schneiden die österreichischen Schüler – weit vor den deutschen – im besseren Mittelfeld ab. Im Skisport ist das Land mit Stefan Eberharter und Hermann Maier uneinholbare Weltklasse. Beim Snowboarden zählen Siegfried Grabner und Nici Pederzolli zur Weltspitze. Die Triathletin Kate Allen, das Segelduo Roman Hagara und Hans Peter Steinacher (jeweils eine Goldmedaille), der Schwimmer Markus Rogan (zwei Silbermedaillen), Judoka Claudia Heill und Segler Andreas Geritzer (jeweils eine Silbermedaille) sowie Schütze Christian Planer (Bronze) sind die großen Gewinner bei den Olympischen Spielen 2004 in Athen. Der Fußballtrainer Hans Krankl und Sportkommentator Herbert Prohaska sind mittlerweile Legenden des österreichischen Fußballs. In der Literatur sorgen Kathrin Röggla und Franzobel für Furore.

Die Europäische Union, die am 1. Mai 2004 durch zehn Länder erweitert wird, umfasst 440 Millionen Einwohner. Die ehemalige Außenministerin Benita Ferrero-Waldner (ÖVP) ist EU-Kommissarin für Außenbeziehungen. Die Türkei beginnt mit den EU-Beitrittsverhandlungen. Elfriede Jelinek* bekommt den Nobelpreis für Literatur und macht Österreich zum Nabel der Welt und Mittelpunkt Europas.

Wichtige Wörter zur Zeit

EU-Sanktionen

Ende Februar 2000 beschließen 14 EU-Staaten, nicht mehr mit Österreichs Regierung reden zu wollen, und nennen das Sanktionen. Der Grund ist die Regierungsbeteiligung der rechtspopulistischen FPÖ. Ein halbes Jahr später besuchen Martti Ahtisaari, Jochen Frowein und Marcelino Oreja Österreich und verfassen einen »Weisenbericht«. Am 12. September 2000 werden die Sanktionen wieder aufgehoben. Gegenüber dem Einfluss der FPÖ auf die österreichische Regierungspolitik ist aber, so die Schlussfolgerung aus dem Bericht, weiterhin »besondere Wachsamkeit« geboten. Der Bundeskanzler Wolfgang Schüssel ist erleichtert und »Österreich hat seine Würde wieder«.

Euro

Im Vertrag von Maastricht ist die Einführung einer gemeinsamen Währung in der Europäischen Union festgeschrieben. Seit 11. März 2002 gilt der Euro als einziges gesetzliches Zahlungsmittel in Österreich. Die Euro-Geldscheine wurden übrigens vom Österreicher Robert Kalina gestaltet.

Austropop

Mit Austria 3 erlebt die heimische Musikszene 1998 ein Comeback der drei wichtigsten Austropop-Stars. Dazu zählen Wolfgang Ambros (Da Hofa), Reinhardt Fendrich (Es lebe der Sport) und Georg Danzer (Jö schau). Alle drei sind Liedermacher und Popsänger. Georg Danzer ist darüber hinaus Obmann von »SOS Mitmensch« und setzt sich für die Rechte der Asylsuchenden ein.

Interessanteste Frauen der Zeit

Elfriede Jelinek, *geboren am 20. Oktober 1946,* Schriftstellerin
Jelinek studiert Kunstgeschichte, Theaterwissenschaft und Musik in Wien. Als feministische Schriftstellerin, die gesellschaftlichen Klischees und Moralvorstellungen bis ins Radikale ausreizend, ist Elfriede Jelinek die wichtigste Vertreterin der österreichischen Frauenliteratur. Zu ihren Werken zählen u. a. Die Klavierspielerin (1983) oder Ein Sportstück (1998). 2004 wird sie mit dem Literaturnobelpreis ausgezeichnet.

Elke Krystufek, *geboren 1970,* Malerin
Sorgt als aktionistische Malerin mit ihren sexualisierten Werken seit 1992 auch international für Aufregung.

Steffi Graf, *geboren am 26. April 1973,* Läuferin
Höhepunkte ihrer Karriere sind die Goldmedaille im 800-Meter-Lauf bei der Europameisterschaft 2000 und die Silbermedaille bei den Olympischen Spielen in Sydney 2000.

Interessanteste Männer der Zeit

Thomas Muster, *geboren am 2. Oktober 1967*, Sportler
Erfolgreichster Tennisspieler Österreichs, gewinnt 1995 das French Open und führt 1996 in der Tennis-Weltrangliste.

Falco, Hans Hölzel, *19. Februar 1957–6. Februar 1998*
Popkünstler Falco feiert 1985 seinen internationalen Durchbruch mit »Rock me Amadeus«.

Armin Assinger, *geboren am 7. Juni 1964*
Als Skifahrer war er nicht so erfolgreich wie in seiner zweiten Karriere: Über eine Million Menschen sehen ihn mehrmals pro Woche im Fernsehen als Moderator der Millionenshow.

Bundespräsidenten seit 1945

Karl Renner 1945–1950 (SPÖ), Theodor Körner 1951–1957 (SPÖ), Adolf Schärf 1957–1965 (SPÖ), Franz Jonas 1965–1974 (SPÖ), Rudolf Kirchschläger 1974–1986 (parteilos/SPÖ), Kurt Waldheim 1986–1992 (ÖVP), Thomas Klestil 1992–2004 (parteilos/ÖVP), Heinz Fischer seit 2004 (SPÖ)

Bundeskanzler seit 1945

Karl Renner 1945 (SPÖ), Leopold Figl 1945–1953 (ÖVP), Julius Raab 1953–1961 (ÖVP), Alfons Gorbach 1961–1964 (ÖVP), Josef Klaus 1964–1970 (ÖVP), Bruno Kreisky 1970–1983 (SPÖ), Fred Sinowatz 1983–1986 (SPÖ), Franz Vranitzky 1986–1997 (SPÖ), Viktor Klima 1997–2000 (SPÖ), Wolfgang Schüssel seit 2000 (ÖVP)

INHALT